学ぶ人は、
変えて
ゆく人だ。

目の前にある問題はもちろん、
人生の問いや、
社会の課題を自ら見つけ、
挑み続けるために、人は学ぶ。
「学び」で、
少しずつ世界は変えてゆける。
いつでも、どこでも、誰でも、
学ぶことができる世の中へ。

旺文社

受験生の
50%以下しか解けない
差がつく
入試問題 国語

三訂版

旺文社

CONTENTS

スタッフ
編集協力／有限会社編集室ビーライン
校正／加田祐衣、鈴木充美、豆原美希
本文・カバーデザイン／伊藤幸恵
巻頭イラスト／栗生ゑゐこ

本書は、各都道府県の教育委員会が発表している公立高校入試の設問別正答率(一部得点率)データをもとに、受験生の 50%以下が正解した問題を集めた画期的な一冊。解けると差がつく問題ばかりだからしっかりとマスターしておこう。

本書の効果的な使い方

STEP 1 出題傾向を知る

まずは、最近の入試出題傾向を分析した記事を読んで「正答率50%以下の差がつく問題」とはどんな問題か、またその対策をチェックしよう。

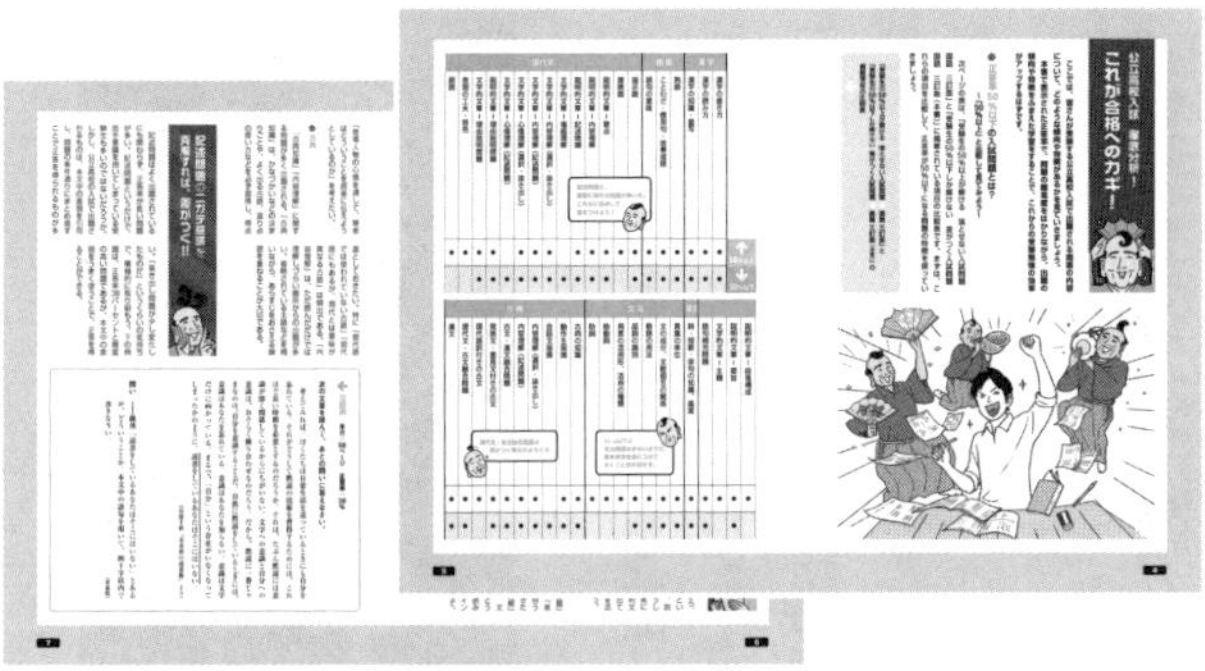

STEP 2 例題で要点を確認する

出題傾向をもとに、例題と入試に必要な重要事項、答えを導くための実践的なアドバイスを掲載。得点につながるポイントをおさえよう。

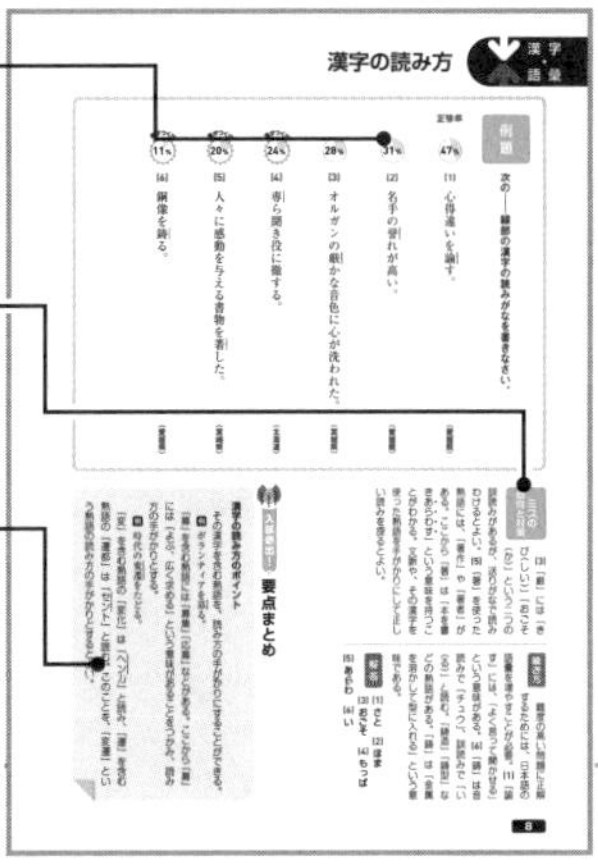

全ての問題に正答率が表示されています(都道府県によっては、抽出データを含みます)。

多くの受験生が解けなかった原因を分析し、その対策をのせています。

入試によく出る項目の要点を解説しています。

STEP 3 問題を解いて鍛える

「実力チェック問題」には、正答率が50%以下の問題を厳選。不安なところがあれば、別冊の解説や要点まとめを見直して、しっかりマスターしよう。

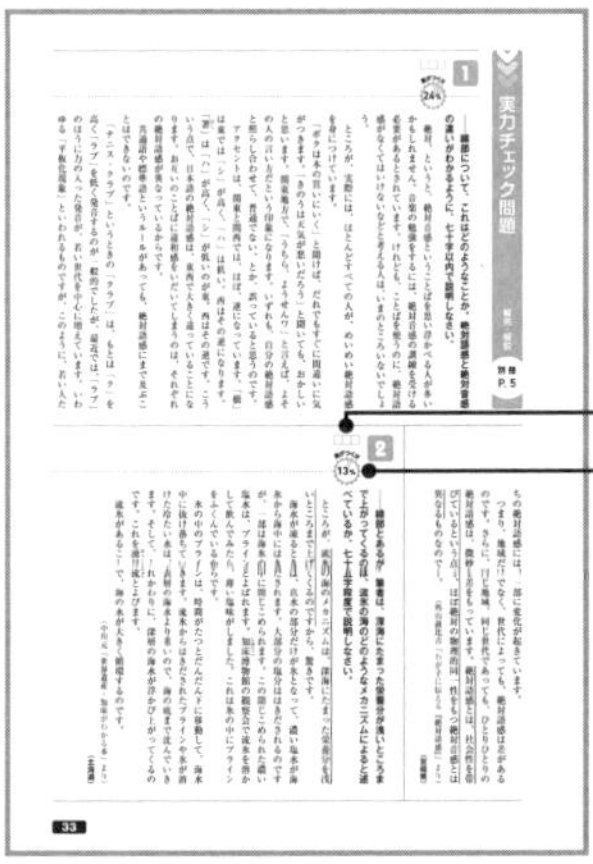

設問ごとにチェックボックスがついています。

差がつく!! 8%

多くの受験生が解けなかった、正答率 25%以下の問題には、「差がつく !!」のマークがついています。

本書がマスターできたら…

正答率50%以上の問題もしっかりおさえよう!

『受験生の50%以上が解ける 落とせない入試問題 ● 国語［三訂版］』

本冊 96 頁・別冊 16 頁　定価 990 円(本体 900 円+税 10%)

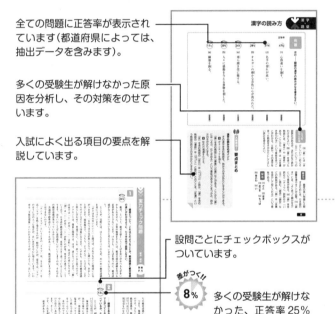

公立高校入試　徹底分析！

これが合格へのカギ！

ここでは、皆さんが受験する公立高校入試で出題される問題の内容について、どのような傾向や特徴があるかを見ていきましょう。

本書で表示された正答率で、問題の難易度をはかりながら、出題の傾向や特徴をふまえた学習をすることで、これからの受験勉強の効率がアップするはずです。

● 正答率50％以下の入試問題とは？

～「50％以上」と比較して見てみよう～

次ページの表は、「受験生の50％以上が解ける　落とせない入試問題　国語　三訂版」と「受験生の50％以下しか解けない　差がつく入試問題　国語　三訂版（本書）」に掲載されている項目の比較表です。まずは、これらの項目を比較して、正答率が50％以下になる問題の特徴を探っていきましょう。

← 「受験生の50％以上が解ける　落とせない入試問題 ● 国語　三訂版」と「受験生の50％以下しか解けない　差がつく入試問題 ● 国語　三訂版（本書）」の掲載項目の比較表

分野	項目	50%以上	50%以下
漢字	漢字の書き方	●	●
漢字	漢字の読み方	●	●
漢字	漢字の知識・書写	●	●
語彙	熟語	●	●
語彙	ことわざ・慣用句・故事成語	●	●
語彙	語句の意味	●	●
現代文	指示語	●	●
現代文	接続語	●	
現代文	説明的文章ー要点	●	●
現代文	説明的文章ー内容理解	●	●
現代文	説明的文章ー記述問題	●	●
現代文	文学的文章ー場面理解		●
現代文	文学的文章ー内容理解（選択・抜き出し）	●	●
現代文	文学的文章ー内容理解（記述問題）	●	●
現代文	文学的文章ー心情理解（選択・抜き出し）	●	●
現代文	文学的文章ー心情理解（記述問題）		●
現代文	説明的文章ー理由説明問題	●	●
現代文	文学的文章ー理由説明問題	●	●
現代文	表現の工夫・特色	●	
現代文	朗読	●	

記述問題と、
要旨に関わる問題が多いぞ。
これらに得点して
差をつけよう！

分野	項目	50%以上	50%以下
	説明的文章ー段落構成	●	
	説明的文章ー要旨	●	●
	文学的文章ー主題	●	
	語句補充問題	●	●
韻文	詩・短歌・俳句の知識、鑑賞	●	●
文法	言葉の単位	●	●
文法	文の成分、文節相互の関係	●	●
文法	敬語の用法	●	●
文法	品詞の識別	●	●
文法	用言の活用形、活用の種類	●	
文法	助動詞	●	
文法	助詞	●	
古典	古典の知識	●	●
古典	動作主指摘	●	●
古典	会話文指摘		●
古典	内容理解（選択・抜き出し）	●	●
古典	内容理解（記述問題）	●	●
古典	古文・漢文融合問題	●	●
古典	発表文・意見文付きの古文	●	●
古典	現代語訳付きの古文	●	
古典	現代文・古文融合問題	●	●
古典	漢文	●	●

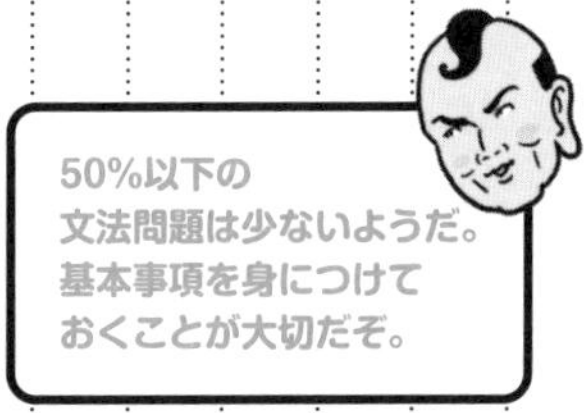
50%以下の
文法問題は少ないようだ。
基本事項を身につけて
おくことが大切だぞ。

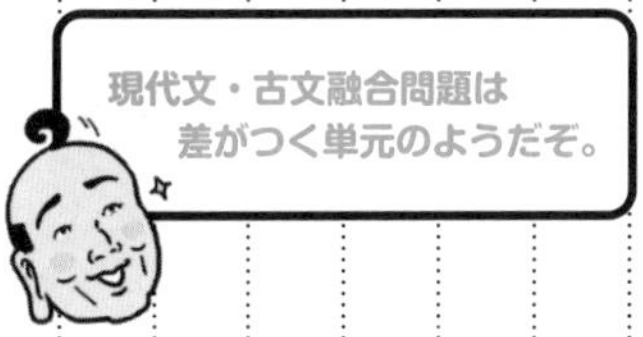
現代文・古文融合問題は
差がつく単元のようだぞ。

どの分野も油断できない!!

中学校の国語では、

- **読む**
  - 現代文（説明的文章、文学的文章）
  - 古典（古文、漢文）
  - 韻文（詩、短歌、俳句）
- **聞く・話す・書く**…ヒアリング、表現、作文など
- **言語事項**…漢字、文法、語彙（ことわざ、慣用句）など

を学習する。下のグラフを見てみよう。これは、全国の公立高校入試問題を、旺文社が独自に分析したものである。このグラフから、公立高校の国語の入試問題では、中学校で学習する内容が、まんべんなく出題されていることがわかる。つまり、合格を勝ち取るためには、普段の国語の授業を大切にする一方で、特に出題の目立つ「現代文」「古典」「言語事項」を中心に幅広く学習し、苦手分野を作らないことが大切なのである。

〈分野別　出題数の割合〉

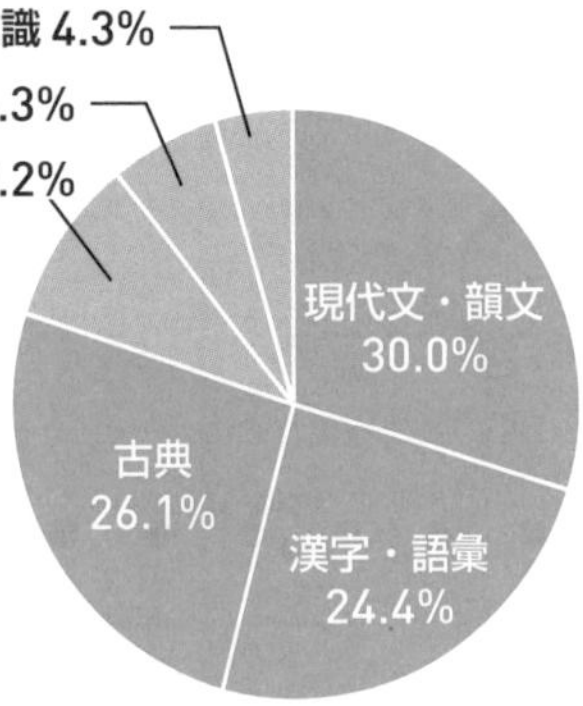

※データは、2022年に実施された全国の公立入試問題について、旺文社が独自に調べたものです。

「読む」分野は、こう攻めろ!!

「読む」の分野の中で、入試での出題頻度が特に高いのは「現代文」と「古典」である。現代文は、大きく「説明的文章（説明文、論説文、説明的な随筆文）」と「文学的文章（小説文、文学的な随筆文）」に分けられる。ここでは、「説明的文章」「文学的文章」「古典」という三つの分野に絞り込み、分野別出題傾向と効果的な学習法を詳しく見ていこう。

● 説明的文章

「要点」「要旨」「内容理解」「理由説明」からの出題が大半である。これらの問題で得点するためには、「筆者が、どのような話題について、どのような順番で文章を展開し、どのような結論を導き出しているか」を正しく読み取ることが大切だ。文章を丁寧に読み取り、各段落の要点をおさえながら、文章全体の要旨をまとめる、という練習に繰り返し取り組もう。説明的文章に対する読解力はこうした訓練を継続することで、確実に身についていく。また、説明的文章には難度の高い言葉が多く出てくるので、普段から国語辞典を活用し、語彙力を伸ばしておこう。

● 文学的文章

「心情理解」「理由説明」「主題」を問う出題が多い。近年は、「表現の特色」「表現の効果」を問う問題も見られるようになってきたが、これらも、大半は「心情理解」に関わるものである。つまり、文学的文章では「登場人物は、どういう気持ちなのか」を丁寧に読み取ることが高得点をあげるポイントになるといえるだろう。そして、

「登場人物の心情を通して、筆者はどういうことを読者に伝えようとしているのか」を考えたい。

●古典

「古典知識」「内容理解」に関する問題が多く出題される。「古典知識」は、かなづかいなどの決まりごとや、よく出る古語、返り点の使い方などを必ず習得し、得点源としておきたい。特に「現代語では使われていない古語」「現代語にもあるが、現代とは意味が異なる古語」は頻出である。「内容理解」は、ただ読んだだけでは理解しづらい箇所からの出題が多い。省略されている主語などを補いながら、あらすじをおさえる練習を重ねることが大切である。

記述問題のニガテ意識を克服すれば、差がつく!!

記述問題はよく出題されているにもかかわらず、正答率が低い問題が多い。記述問題というだけで、苦手意識を抱いてしまっている受験生も多いのではないだろうか。しかし、公立高校の入試で出題されるものは、本文中の表現を引用し、問題の条件通りにまとめ直すことで正答を得られるものが多い。「抜き出し問題が少し変化したものだ」というくらいの気持ちで、積極的に取り組もう。下の例題は、正答率38パーセントと難度の高い問題であるが、本文中の表現をうまく使うことで、正答を得ることができる。

出題例　**本文：58ページ　正答率：38％**

次の文章を読んで、あとの問いに答えなさい。

考えてみれば、ぼくたちは日常生活を送っているときにも自分を忘れている。それがどうして黙読の技術を習得するためには、これほど長い時間を必要とするのだろうか。それは、たぶん黙読には意識が深く関係しているからにちがいない。文字への意識と自分への意識は、おそらく隣り合わせなのだろう。だから、黙読に一番じゃまなのは、自分を意識することだ。自然に黙読をしているときには、意識はあなたを忘れている。意識はあなたを知らない。意識は文字だけに向かっている。まるで、「自分」という存在がいなくなってしまったかのように。読書をしているあなたはそこにはいない。

（石原千秋「未来形の読書術」より）

問い　——線部「読書をしているあなたはそこにはいない」とあるが、どういうことか。本文中の語句を用いて、四十字以内で書きなさい。

（青森県）

漢字の読み方

例題

次の——線部の漢字の読みがなを書きなさい。

正答率

(1) 47% 心得違いを諭す。（愛媛県）

(2) 31% 名手の誉れが高い。（愛媛県）

(3) 28% オルガンの厳かな音色に心が洗われた。（宮城県）

(4) 差がつく!! 24% 専ら聞き役に徹する。（北海道）

(5) 差がつく!! 20% 人々に感動を与える書物を著した。（宮崎県）

(6) 差がつく!! 11% 銅像を鋳る。（愛媛県）

ミスの傾向と対策

(3)「厳」には「きび(しい)」「おごそ(か)」という二つの訓読みがあるが、送りがなで読みわけるとよい。(5)「著」を使った熟語には、「著作」や「著者」がある。ここから「著」は「本を書きあらわす」という意味を持つことがわかる。文脈や、その漢字を使った熟語を手がかりにして正しい読みを探るとよい。

解き方

難度の高い問題に正解するためには、日本語の語彙を増やすことが必要。(1)「諭す」には、「よく言って聞かせる」という意味がある。(6)「鋳」は音読みで「チュウ」、訓読みで「い(る)」と読む。「鋳造」「鋳型」などの熟語がある。「鋳」は「金属を溶かして型に入れる」という意味である。

解答

(1) さと (2) ほま (3) おごそ (4) もっぱ (5) あらわ (6) い

入試必出! 要点まとめ

漢字の読み方のポイント

その漢字を含む熟語を、読み方の手がかりにすることができる。

例 ボランティアを募る。

「募」を含む熟語には「募集」「応募」などがある。ここから「募」には「よぶ、広く求める」という意味があることをつかみ、読み方の手がかりとする。

例 時代の変遷をたどる。

「変」を含む熟語の「変化」は「ヘンカ」と読み、「遷」を含む熟語の「遷都」は「セント」と読む。このことを、「変遷」という熟語の読み方の手がかりとするとよい。

実力チェック問題

解答・解説 別冊 P. 1

1 50~32%

次の——線部の漢字の読みがなを書きなさい。

- 50% (1) 工事の進行が滞る。（栃木県）
- 48 (2) その仕事は、町役場の管轄だ。（愛媛県）
- 48 (3) 古い習慣が廃れる。（埼玉県）
- 47 (4) 時刻表を繰る。（福岡県）
- 47 (5) 避暑などのゆったりした旅。（福岡県）
- 44 (6) 崇高な姿に成長する。（新潟県）
- 41 (7) 炉の中を見る。（滋賀県）
- 35 (8) 秀逸な作品に感動する。（愛媛県）
- 33 (9) 奈良の大仏の鋳造について調べる。（宮城県）
- 32 (10) 両者の意見を折衷する。（埼玉県）

2 差がつく!! 30~15%

次の——線部の漢字の読みがなを書きなさい。

- 30% (1) 委嘱されて会議を運営する。（青森県）
- 29 (2) 貿易の不均衡を是正する。（埼玉県）
- 28 (3) 利用者の便宜を図る。（宮城県）
- 27 (4) 紛糾した事態を打開する。（愛媛県）
- 24 (5) カタログを頒布する。（千葉県）
- 24 (6) 会議に諮る。（千葉県）
- 24 (7) 嘆息がこめられている。（滋賀県）
- 21 (8) 世の中に警鐘を鳴らす。（愛媛県）
- 19 (9) 秋の紅葉の時期は殊に美しい。（青森県）
- 15 (10) これまでのやり方を踏襲する。（北海道）

漢字の書き方

例題

次の――線部のかたかなを漢字で書きなさい。

正答率

(1) サイワいケガ人は一人も出ずにすんだ。（滋賀県） 49%

(2) 中学生向けの雑誌をソウカンする。（青森県） 49%

(3) 議案のカヒは半々だった。（青森県） 44%

(4) 畑を耕し土をコやす。（神奈川県） 43%

(5) オリよく友だちと出会った。（高知県） 37%

(6) 十分に予習をして授業にノゾむ。（宮城県） 36%

(7) 友人を学級委員の候補にオす。（埼玉県） 36%

(8) 駐車場のチンタイ契約を結ぶ。（埼玉県） 差がつく!! 23%

(9) 崩れていた道路がフッキュウした。（高知県） 差がつく!! 22%

(10) 大地震のヨチョウをとらえる。（東京都） 差がつく!! 20%

ミスの傾向と対策

(9)「復旧」の「復」は、「複数」の「複」と間違えやすいが、「フッキュウ」の意味を知っていると、漢字に直すときに「もとに（旧の字の意味）、もどる（復の字の意味）だから『復旧』」と確認しながら答えることができる。

解き方

(3)「可否」は「賛成と反対」を意味する言葉。議案を承認し決定することを可決、承認しないことを否決という。(5)「折《おり》」は、「時機。機会」という意味。「折り」とは書かないので注意。(10)「予兆」は「前ぶれ。きざし」を意味する言葉。「兆」には「きざし」の意味があり、「前兆」や「兆候」という熟語がある。

解答

(1) 幸 (2) 創刊 (3) 可否 (4) 肥 (5) 折 (6) 臨 (7) 推 (8) 賃貸 (9) 復旧 (10) 予兆

入試必出！・要点まとめ

漢字の書き方のポイント

問われている言葉と同じ意味の熟語が、書くときのヒントになる。

例 サイワいケガ人は一人も出ずにすんだ。（滋賀県）

「ケガ人は一人も出ずにすんだ」より、「サイワい」と同じ意味の熟語は「幸運」であり、「サイワい」は「幸」の字を使うと見当をつけることができる。

例 友人を学級委員の候補にオす。（埼玉県）

前の「学級委員の候補に」より、「オす」と同じ意味の熟語は「推薦」であると見当をつけられる。ここから、「オす」は「押」ではなく「推」の字を使うと見当がつく。

1 50~41%

次の——線部のかたかなを漢字で書きなさい。

- 50% (1) 倉庫に米をチョゾウする。（千葉県）
- 50 (2) 物事に取り組むシセイ。（滋賀県）
- 50 (3) ゲンミツに言うと、違った解釈になる。（滋賀県）
- 49 (4) カセツ住宅に暮らす高齢者。（長崎県）
- 48 (5) 私の住む町は起伏にトんだ道が多い。（東京都）
- 48 (6) シンショウ棒大に書きたてる。（長野県）
- 47 (7) 自由がセイヤクされる恐れがある。（宮城県）
- 46 (8) 雨が続き開催をアヤぶむ。（埼玉県）
- 43 (9) 出港のキテキが響く。（青森県）
- 43 (10) 山口君はとてもキンベンな子どもだ。（神奈川県）
- 42 (11) 雪からセイジュンさを与えられた。（新潟県）
- 42 (12) 環境問題のテンケイに森林破壊がある。（青森県）
- 42 (13) うぐいすの鳴くバイリンを歩く。（東京都）
- 41 (14) 著名な作家のコウエンを聞く。（宮城県）

2 40~8%

次の——線部のかたかなを漢字で書きなさい。

- 40% (1) 動けることをゼンテイにして考える。（滋賀県）
- 40 (2) 贈り物をきれいにホウソウする。（神奈川県）
- 39 (3) この辺りは日本有数のコクソウ地帯だ。（青森県）
- 38 (4) 世論を反映したセイサクを立てる。（高知県）
- 37 (5) 図書館で文献をフクシャする。（東京都）
- 37 (6) 試合前に気持ちをフルい立たせた。（宮崎県）
- 33 (7) 家計簿のシュウシが合う。（長野県）
- 32 (8) 研究に多大なコウセキを残す。（神奈川県）
- 29 (9) タグいまれな才能の持ち主だ。（滋賀県）
- 26 (10) 選手のゼンセンをたたえる拍手。（東京都）
- 25 (11) 学級会で決をトる。（宮崎県）
- 14 (12) 科学の発展にキヨした研究。（千葉県）
- 12 (13) 制度をサッシンする。（愛媛県）
- 11 (14) 項目別に課題をレッキョする。（北海道）
- 8 (15) 努力がトロウに終わる。（愛媛県）

漢字の知識・書写 熟語・慣用句・故事成語

例題

正答率　(1) 43%　(2) 32%

次の問いに答えなさい。

(1) 次のア～エの行書で書かれた漢字を、それぞれ楷書で書いたとき、「折れ」と「曲がり」の両方の筆使いを含んでいるもので、総画数の最も多いものを選び、記号で答えなさい。

ア 雄　イ 祝　ウ 風　エ 記

（宮崎県）

(2) 次の□の「感」の矢印が指す左払いと、あとの漢字の矢印が指す左払いが、同じ書き順となるものはどれか。ア～エの中から適切なものを一つ選び、記号で答えなさい。

感

ア 反　イ 存　ウ 歴　エ 皮

（山梨県）

ミスの傾向と対策

行書で書いた漢字を見て、どこに点画の省略があるかを答えられるよう、練習をしておくこと。また、行書を楷書に直したときの総画数を問う問題が多く見られる。漢字の正しい筆順や総画数も、丁寧に学習することを怠らないようにしよう。

解き方

(1) 楷書で書いたとき、「折れ」と「曲がり」を含むものは、イ・ウ・エである。

(2) 「感」の左払いは一画目に書くことに注意する。丿→厂という書き順になる。このような書き順になるのは、エの「皮」。ア・イ・ウは、左払いを二画目に書く。正しい書き順を覚えておこう。

解答

(1) エ　(2) エ

入試必出！ 要点まとめ

「漢字の書写」「筆順」のポイント

「漢字の書写」では、行書に関する問題がよく出題される。行書の特徴は「点画がある程度省略されている」ことである。入試では、点画が省略されていることをふまえて、総画数が問われたり、楷書と比べたりする問題が出題される。行書の字を楷書に書き換えた上で、問題を考えるとよい。

「筆順」では、筆順を誤りやすいものに気をつけておきたい。特に「つらぬく縦棒・横棒をあとで書く漢字(平・舟・中など)」に注意。平素の学習から、正しい筆順で書くことを意識しておくとよい。

(筆順を間違えやすい漢字の例) 右・左・世・防・馬・成・布など

1

44%

行書で書かれた次の□の漢字を楷書で書いたとき、矢印で指した太く書かれた部分は何画目か。数字で書きなさい。

（山梨県）

2

43%

「未来」と同じ構成の熟語を、ア～エから選び、記号で書きなさい。

ア　起伏　　イ　佳作　　ウ　非常　　エ　打撃

（岐阜県）

3

差がつく!! 20%

「文法」と同じ構成（成り立ち）になっている熟語を、次のア～エの中からすべて選び、その記号を書きなさい。

ア　全力　　イ　制御　　ウ　抜粋　　エ　清流

（埼玉県）

4

35%

次の文の□に漢字一字を入れ、四字熟語を完成させなさい。

・□《とう》奔□《せい》走して、やっと資料を集めることができた。

（北海道）

5

36%

次の文章を読んで、あとの問いに答えなさい。

日本人は物事をはっきり言わず、曖昧《あいまい》な表現をすることが多い。この日本人の曖昧性にぶつかって「理解」を放棄してしまうと、「日本人には自己主張というものがない」とか、「どっちつかずの風見鶏《かざみどり》」「タテマエばかりでホンネを言わない嘘《うそ》つき人間」「表裏のある二重人格者」などと考えることにもなってしまう。

（呉善花「新・スカートの風　日韓＝合わせ鏡の世界」より）

問い　――線部「どっちつかずの風見鶏」がたとえている様子を表す四字熟語を、次のア～オから一つ選んで記号を書きなさい。

ア　付和雷同　　イ　我田引水　　ウ　馬耳東風
エ　以心伝心　　オ　異口同音

（秋田県）

6

差がつく!! 20%

次のA、Bの文の□には、体の部分を表す同じ漢字一字が入ります。その漢字を書きなさい。

A　私たちは、去年の優勝チームに□を借りるつもりでぶつかった。
B　友人に悩みを打ち明けて、□のつかえがおりた。

（北海道）

7

26%

次の【　】内の言葉を使い、主語、述語及び修飾語を含んだ短文を作りなさい。

【推《すい》敲《こう》】

（宮崎県）

語句の意味

例題

正答率 38%

次の文章を読んで、あとの問いに答えなさい。

「ねえ。」

　本当は草滑りなどどうでもいい。ただみんなの笑い声に加わって、自分も思い切り悲鳴をあげてみたいだけなのである。さもないと、この広い土手の原っぱで、自分の居場所を失ってしまいそうだった。

「お姉さあん。」

　それでも姉は聞こえないふりをしている。

「お姉さあんてば。」

　もうそうする以外に、自分の存在をみんなの中に引き留めておくことができないというふうに、たかしは姉を呼び続ける。自分の行動があまりにも幼稚で、よけいに切なくなった。日頃《ひごろ》から子供じみた自分の一挙手一投足にため息をつき、一刻も早く殻を破ってそんな自分から抜け出そうと、あがき、もがいているのに、姉やその友達が一緒にいるところでは、こんなふうにもろくも崩れてしまうのだ。なぜ、そのあたりの子供と少しも変わらない自分になってしまうのだろう。たかしの小さな胸に言い知れぬ悲しみが満ちてくる瞬間であった。

（武尾光高「空のかけら」より）

問い　――線部「一挙手一投足」の類義語として使われている漢字二字の熟語を、本文中から抜き出して書きなさい。

（山形県）

ミスの傾向と対策

「一挙手一投足」という言葉の意味がわからず、意味を想像して問題を解こうとすると、ミスをしやすい。

また、意味を知っている言葉について、文中ではどのような意味で用いられているかを考えるときは、元の意味から極端に離れた解釈をしないようにすることが大切である。

解き方

「一挙手一投足」とは、「一つ一つの動作」のことなので、この意味に似た言葉を探す。「一挙手一投足」の意味がわからなければ、その前後をよく読む。直前の「子供じみた」と、その前の文の「幼稚」が似た意味であることに注目する。前の文の内容を言い換えているので、「行動」が類義語だと見当がつく。

解答　行動

入試必出！ 要点まとめ

語句の意味を答える問題のポイント

よく出題されるのは「言葉が、文中ではどのような意味で使われているか」を問うものである。特に「一つの言葉に意味が複数あるもの」には気をつけておきたい。

例 次の――線部の意味として最も適当なものはどれか。

大切にしているペットはいとおしく感じられるものだ。

ア かわいく　**イ** かわいそうに

ウ すばらしく　**エ** 特別に

「いとおしい」には「かわいい」「かわいそうで手をかしてやりたいような気持ち」という二つの意味があるので、ウとエが違うことは明らか。「大切にしているペット」を「かわいそう」と感じる、というのは適当でないので、正解はアとなる。このように複数の意味をもつ言葉は要注意である。

実力チェック問題

解答・解説 別冊 P. 2

1

31%

次の文章は、中学生の加藤さんと鈴木さんの会話の一部である。これを読んで、あとの問いに答えなさい。

加藤さん　最近、トムさんは日本語に慣れてきたようね。先生から日本語サポート役に任命された鈴木さんのおかげかしら。

鈴木さん　からかわないでくれよ。家が近いということで先生に頼まれたときは「役不足です」って、断ったはずなのに……。

加藤さん　あら。そんな答え方をしたら、断ったことにならないじゃない。なんだか不安になってきたわ。大丈夫なの。

鈴木さん　大変だよ。この前だって、「冷める」と「冷える」は、どう違うのかって質問されてしまうし……。辞書で調べても、どちらも「温度が下がること」としか載っていないんだ。

問い　――線部「役不足」とあるが、本来の用法として最も適当なものを、次のア～エのうちから一つ選び、その記号を書きなさい。

ア　失敗ばかりの彼に大役を任せるような役不足は、ぜひ避けたい。

イ　役者が十人いるのに、役が八つしかない役不足な事態が生じた。

ウ　念願の主役に選ばれ、「役不足ですが、頑張ります」と謙遜した。

エ　あれほどの実績を上げている彼に対して、雑用係とは役不足だ。

（千葉県）

2

28%

次の文章を読んで、あとの問いに答えなさい。

「ガンバレエエエ！　海鳳《かいほう》オオオ！」

いきなり、少女の明るく透きとおった叫びが、緊張感をともなったしじま*を震わせて響き渡った。

うつむいていた英明《ひであき》が、パッと顔を上げた。視線のこちらに、左手でメガホンを作って口に当てている琴世《ことよ》がいる。

多美子《たみこ》は驚いて琴世を見下ろした。恥ずかしがり屋の琴世が、大観衆が沈黙している中で、たった一人英明に向かって声援を飛ばしたのである。

あっけにとられたように、会場のすべての視線が声の主に集中した。

（川上健一「渾身《こんしん》」より）

（注）＊しじま＝静まりかえっていること。

問い　――線部「あっけにとられた」とあるが、「あっけにとられる」の意味として最も適当なものを、次のア～エの中から一つ選び、その記号を書きなさい。

ア　突然の出来事に動揺する。

イ　事の意外さに驚きあきれる。

ウ　気のきいた言葉に感心する。

エ　大胆な行動に慌てふためく。

（愛媛県）

3

26%

「保証」という語を用い、次の質問に対する答えを、あなたなりに考えて書きなさい。ただし、答えは、十五字以上、三十字以内の一文とし、句読点や記号も字数に含めること。

質問　この食堂のカレーはおいしいでしょうか。

（北海道）

指示語問題 ①

例題

正答率 40%

――線部とはどのようなことか。四十字以内で書きなさい。

「閑《しづ》かさや岩にしみ入る蟬《せみ》の声」という松尾芭蕉《まつおばしょう》の句がある。「痩蛙《やせがへる》まけるな一茶是《いっさこれ》にあり」という小林《こばやし》一茶の句がある。心の中で、自分の声で読んでみる。どちらも、ごく一瞬に通り過ぎていってしまう感覚を巧みに捉《とら》えている。楽しいような、淋《さび》しいような、嬉《うれ》しいような、切ないような、決して「喜怒哀楽」では分類し得ない心の間《あわい》。そのような「感じ」が、確かに自分の内に生まれるのだ。私自身は、俳句を詠《よ》むということを日常とするわけではない。しかし、俳句は受け手を選ばず、時代を選ばず、詠んだ者の気配を読み手にそのまま与えてくれる。

　なぜだろうか。句によっては、決死の覚悟や命の躍動さえも漂わせる「言語の営み」に、私はいつしか魅せられていた。俳句という短詩型文学は、なぜ、このようなことをなし得るのだろう。そんな思いを巡らせているうちに、一年ほど前の記憶が生々しく蘇《よみがえ》ってきたのである。

（茂木健一郎・黛まどか「俳句脳――発想、ひらめき、美意識」より）

（新潟県）

ミスの傾向と対策　指示語の指し示す内容は、必ず指示語の直前にあるとは限らない。指示語の前後の内容を手がかりとして、問題で示されている条件に合う箇所を本文中から探さなければならないこともあるので、気をつけておこう。

解き方　「このようなこと」が指している内容は「言語の営み」という言葉で表されている。しかし、ここでは字数が問題の条件に合わず、内容も具体的ではない。この意味をより具体的にまとめている、第一段落の最終文を用いて解答を作成する。

解答　**（例）受け手を選ばず、時代を選ばず、詠んだ者の気配を読み手にそのまま与えるということ。（四十字）**

入試必出！ 要点まとめ

指示語の内容のとらえ方

基本的には指示語の直前から探せばよい。ただし、次のような出題パターンもあるので、「直前」ばかりに気を取られすぎないこと。

① 指示語よりもあとに、その指示内容があるもの。

例 山口君は第一志望の高校に合格した。彼に合格の秘訣《ひけつ》を聞くと、このように教えてくれた。「まず、朝早起きをするんだ。それから……」

② 直前に指示語の指し示す内容があるが、さらにそれを言い換えた箇所を答えなければならないもの。

実力チェック問題

解答・解説 別冊 P. 2

1

30%

――線部「この現象」の内容を、四十字以内で説明しなさい。ただし、「それぞれの時代」と「風景」という二つの言葉を用いて答えること。

民家を見て歩くうちに、目標として見に来た民家よりもみすぼらしくありふれた家々や町並みが絵になる風景をつくり出していることに気づいた。目標とした民家もその風景の中の一要素として絵の中に納まっている。絵の中の風景の家々は複数だが、それらは一度に建てられたわけではない。明治あり大正あり昭和ありという中での合体化現象というより他にない。この現象は誰《だれ》かが仕掛けたのではなく、自然の摂理であり、科学的に言えば風化現象である。時間というものの偉大さを知る。

（吉田桂二「家づくりの知恵」より）（鹿児島県）

2

28%

――線部「これ」はどんなことを指しているか。適する内容を「科学技術が」に続けて、「こと」につながるように十五字以内でまとめて書きなさい。

科学技術は、人間にとっての環境世界を大きく変えてきました。人間単独では見えない世界、できない世界を、見える世界、可能な世界に変えてきたわけです。

もともと人間は、好奇心が非常に旺盛《おうせい》な生き物です。今まで感じることのできなかった環境世界を感知することができるようになれば、それだけでも大きな満足です。さらに、行けないところに行けるようになる、持ち上げられなかった物が持ち上げられるようになる、作れなかった物も作れるようになる、もうこうなってくると、それ好奇心というよりも欲望と言った方がいいかもしれませんが、それを実現することを、科学技術は可能にしてくれたのです。

当然これは、人間にとってはおもしろいしありがたいことですから、どんどん先へと進みます。科学技術は、ある意味、夢をかなえてくれる道具だったのです。科学技術の歴史は、人間がその夢をかなえ、欲望を満たすための道具を開発してきた歴史だと言ってもいいでしょう。

（佐倉統・古田ゆかり「おはようからおやすみまでの科学」より）（秋田県）

3

26%

――線部について、「そのようになっている」とあるが、それはどの部分を指しているか。本文中から抜き出して書きなさい。

成功例に学ぶというのは、一見すると誰《だれ》の目にも賢いやり方に思えるはずである。それなのになぜうまくいかないのだろうか。その理由は簡単である。お手本を模倣することでうまくいくと考えている人の多くは、やがてそれ以外の方法について「見ない」し「考えない」ようになる。さらには、よりいいやり方を探し求めることまでやめて「歩かない」ようにもなるが、その一方で時代は常に変化しているので、あるときの「いいやり方」がいつの間にか「ダメなやり方」に変わるということが必ず起こるからである。

いま日本中のあらゆるところで起こっている問題は、根っこの部分にすべてこの「見ない」「考えない」「歩かない」があるように私には見える。この姿勢をあらためないかぎりなにをやってもうまくいかないし、成功を持続させることはできないにちがいない。とくにいまは、世の中の変化のスピードも速くなっている。これではいいお手本に学んでも一時的な成功さえ得られないかもしれないし、現実にいまの社会はそのようになっているように見える。

（畑村洋太郎「失敗学のすすめ」より）（滋賀県）

指示語問題 ②

例題

差がつく!! 正答率 17%

――線部「そんな話」とはどのような話か。文中の語句を用いて十五字以内で書きなさい。

〔江戸時代のこと、しっかり者で、「ちっちゃなかみさん」と近所でも評判の十一歳の加代《かよ》は、六歳の弟治助《じすけ》とともに豆腐売りの叔父信吉《しんきち》に養われている。ある日、信吉に老舗《しにせ》料理屋「笹屋《ささや》」の婿《むこ》養子の噂《うわさ》が立つが、信吉は加代たちを育てるために、その申し出を断ったらしい。信吉の様子からそのことを察した加代は、弟を連れて、笹屋の主人夫婦嘉平《かへい》とお照《てる》に会いに行った。〕

「あの……*差配《さはい》の小母《おば》さんから聞いたんですけど……*兄《あん》ちゃんを……あの、もし、間違いましたらごめんなさい。笹屋さんのお店で、兄ちゃんを御養子さんにって……そんな話があるって聞きましたけど……本当でしょうか……」

一生懸命になっているのが、よく分《わか》る。加代は両手を握りしめ、涙ぐんだような眼《め》で嘉平を瞶《みつめ》ていた。

嘉平は当惑し、苦い表情を作った。小娘を相手に大人気ないと思いながら、つい*日頃《ひごろ》の忿懣《ふんまん》が口に出た。

「そんな話がないわけではなかったが……もう、こわれた……」

「やっぱり……」

加代は唇を嚙《か》み、かすかに身ぶるいした。

（平岩弓枝「ちっちゃなかみさん」より）

（注）＊差配＝所有者に代わって貸家・貸地を管理すること。また、その人。
＊兄ちゃん＝信吉は加代の叔父だが、加代は普段「あんちゃん」と呼んでいる。
＊日頃の忿懣＝「忿懣」はいきどおること。嘉平の心の中に、一人娘に婿養子を迎えるに当たってのわだかまりがあったことを指している。

（長崎県）

ミスの傾向と対策

指示語の指し示す内容の範囲がやや広く、文章中の表現をそのまま使って答えることができない場合、指し示す範囲を的確に読み取り、過不足なくまとめなければ正答とはならないので、注意が必要である。

余分な語句が入らないように注意しながら、指定字数に合うように簡潔にまとめよう。

解き方

加代の言葉の中にも「そんな話」とあることに注目。その前の部分が「そんな話」の内容だとわかる。キーワードを探すと、「兄ちゃん」「笹屋」「御養子」の三つがある。これらを使って解答を作成する。指定字数を超えないよう、「兄ちゃん」「御養子」を、それぞれ「信吉」「婿」に置き換えるとよい。

解答

（例）笹屋が信吉を婿にするという話。（十五字）

入試必出！ 要点まとめ

文学的文章の指示語の内容のとらえ方

文学的文章では、指示語の指す内容が明確でない場合もある。しかし、可能な限り指している内容についてのキーワードを文章中から拾い上げ、それを使いながら指示語の指す内容をまとめる。

例 今日は校外学習の日だ。バスに乗ってすぐ、ぼくは、一人だけ青い顔をして座席に座っていた。乗り物酔いをしてしまったのだ。しかし、みんなすっかり興奮していて、だれもそれには気づかなかった。

この指示語であれば、キーワードは「青い顔」「乗り物酔い」である。これを用いて、「ぼくが乗り物酔いをして、青い顔をして座っていること。」のように解答をまとめる。

解答・解説 別冊 P.2

1

差がつく!! 17%

――線部「毎朝こうしていた」とあるが、ひさしは母がどうしていたことを知ったのか。二十字以内で書きなさい。

ひさしの態度に母親は諦めたのか、自分のショールをとって、ひさしに*頬被《ほおかぶ》りさせると、ひさしの肩を抱えるようにして歩き出した。それから、行き先はお地蔵様のお堂で、それは父親の病気が一日も早く癒《いえ》るように、もう何日も前から続けているお百度参りのためであることなどを、順々に話して聞かせた。

ひさしはその時になって、この頃母親が肉も魚も食べなくなっていたのは、*願かけのためだったということも初めて知らされた。これはお母さんがすればよいので、ひさしが真似《まね》をするのはよくないとも母親は言った。

畑を通り抜けた所に、その地蔵堂はあった。民家が寄り合っている場所なので、気をつけていないと素通りしかねない入口である。ひさしには、境内に入ってからの広さが意外であった。

母親は、お堂の縁側にひさしを坐《すわ》らせると、今度は自分が脱いだコートをまた頭から被らせて、からだに巻きつけてやった。

「達磨《だるま》さんになって、待っておいで。」

そう言い置いてひさしの前を離れた。馴《な》れた足どりで境内の一隅に行くと、草履《ぞうり》を脱いだ。白い足袋《たび》をとってその上に置いた。

何が祀《まつ》ってあるのかはひさしには分《わか》らないのだが、かなり大きな石像の前に跪《ひざまず》いて一礼した母親は、それから何ごとかを唱えながら、決まっているらしい石の道を一《ひ》と廻《めぐ》りした。一礼するとまた唱えごとをしては一と廻りする。

ひさしは初めのうち、一回、二回と数えていたが、そうして待つのは母親に対しても、また、母親が願いごとをしている何かに対しても悪いような気がしてきて、途中でやめた。母親の唱える声は、気のせいかしだいに強くなり、石の上を廻る速度も少しずつ早くなっていくように見える。ひさしは、母親の足の裏から、血が出ていはしないかと心配であった。

自分の起きる前に、母親は毎朝こうしていたのだと思うと、自分には分らないところで生きている時間の母親は他家《たけ》の人のような気もするのであるが、いちばん気味悪いのは、母親をそうさせてしまう何かで、その何だか知れないものに、母親が逆らうことも出来ずに連れ出されて行く妬ましさとさびしさは、ひさしにはちょっと類のないものであった。

(竹西寛子「虚無僧《こむそう》」より)

(注)*頬被り＝頬を隠すように頭から手ぬぐいや布などをかぶること。
*願かけ＝自分の願いの実現を神仏に頼むこと。特定の物を食べない断食《だんじき》(断ち物)やお百度参りなど、祈願のためには様々な方法がある。

(栃木県)

2

37%

――線部「そういう愛情の表現」とは、どのようなことか。「〜ような愛情表現」と続くように、簡潔に書きなさい。

〔ある日、母から電話があり、父が生前、残された時間を惜しむかのように寝床で読書していた様子を語り出した。「私」はそのときの父の姿を思い浮かべた。〕

私が自分の思いの中に入りかけ、一瞬ぼんやりしていると、昨日ね、とまた電話の向こうで母が話しはじめた。

駅前のデパートに行って売り場を歩いていたら、後ろから、お父さん、という若い女の人の声が聞こえたの。振り返ると、そこには若いお父さんが男の子を抱いて立っていたの。それを見たら、急に胸が痛くなってね。

不意に声を詰まらせた母に驚いて、私は訊《たず》ねた。

「どうして?」

「あなたを抱いていたお父さんを思い出して……」

私は私を抱いていたという父を想像できない。父は私を抱いたことがあったのだろうか。そういう愛情の表現ができたのだろうか。私が私の娘を抱いていたように……。

(沢木耕太郎「無名」より)

(秋田県)

内容理解問題 ①

例題

正答率 44%

――線部「一人の心は、ことばを媒介にして、他者の心へ開示される」とあるが、ことばが媒介となるのは、どのようなときか。本文中から二十字以内で抜き出しなさい。

心が外部由来や内部由来のさまざまな表象に名前を与えるといっても、相手あってのことである。自分一人で名前を生産しても、相手に理解されないものであれば、それはことばではない。ことばがことばとして働きうるのは、そのことばが一つの社会に共有されているときである。

相手と共通のことばを使うことで、それまでは個体の中に閉ざされたままであった経験が、他者に伝えられる。共通の約束事であるからこそ、一人の口を出たことばは、それを聞いた一人あるいは複数の人の心にも、同じ表象を喚起することができる。一人の心は、ことばを媒介にして、他者の心へ開示されるのである。

（山鳥重「ヒトはなぜことばを使えるか」より）

（栃木県）

ミスの傾向と対策

説明的文章は、論の展開の仕方を理解しながら読まなければならない。

左の「要点まとめ」にもあるような、文のいろいろな働きを理解しておこう。実際の文章で、文がどのような働きをしているかを意識して、論の展開をつかむことが重要である。

解き方

「どのようなときか」と問われていることに注意して本文を読むと、第一段落の最後に「～ときである。」という文が見つかる。その文の前半、「ことばがことばとして働きうる」の部分は、――線部と共通する部分。つまり、心がことばを媒介にして他者の心へ開示されるのは、「ことばが一つの社会に共有されているとき」だとわかる。

解答

ことばが一つの社会に共有されているとき（十九字）

入試必出！ 要点まとめ

細部の読み取りのポイント

一文ずつ読みながら、その文が果たしている役割を理解する。

上の文章の場合は、

①「心が外部由～ことである。」…第一段落の話題を表す。
②「自分一人で～ばではない。」…前の文の補足説明。
③「ことばがこ～ときである。」…第一段落の要点を表す。
④「相手と共通～伝えられる。」…第二段落の話題を表す。
⑤「共通の約束～とができる。」…前の文の補足説明。
⑥「一人の心は～るのである。」…第二段落の要点を表す。

「この段落ではどういうことを言おうとしているのか」を読み取っていくことが大切。そのためには、一文一文を丁寧に追い、「この文はどういう役割を果たしているのか」を考えることが肝要である。

1

次の文章を読んで、あとの問いに答えなさい。

始めにことばがあると言っても、あたりが空々漠々《くうくうばくばく》*としていた世界の始めに、ことばだけが、ごろごろしていたという意味ではない。またことばがものをあらしめるといっても、ことばがいろいろな事物を、まるで鶏が卵を生むように作り出すということでもない。ことばがものをあらしめるということは、世界の断片を、私たちが、ものとか性質として認識できるのは、ことばによってであり、ことばがなければ、①犬も猫も区別できない筈《はず》だというのである。

ことばが、このように、私たちの世界認識の手がかりであり、唯一の窓口であるならば、ことばの構造やしくみが違えば、認識される対象も当然ある程度変化せざるを得ない。

なぜならば、以下に詳しく説明するように、ことばは、私たちが素材としての世界を整理して把握する時に、どの部分、どの性質に認識の焦点を置くべきかを決定するしかけに他ならないからである。いま、ことばは人間が世界を認識する窓口だという比喩を使ったが、②その窓の大きさ、形、そして窓ガラスの色、屈折率などが違えば、見える世界の範囲、性質が違ってくるのは当然である。そこにものがあっても、それを指す適当なことばがない場合、そのものが目に入らないことすらあるのだ。

（鈴木孝夫「ことばと文化」より）

（注）＊空々漠々＝何もないこと。

差がつく!!　(1) 21%　(2) 28%

(1) ――線部①とはどういうことか。二十字以内で書きなさい。

(2) ――線部②とはどういうことか。三十五字以内で書きなさい。

（新潟県）

2

次の文章を読んで、あとの問いに答えなさい。

私たちがいう「科学」とは、ヨーロッパで生まれた近代科学を指します。近代科学の考え方の特徴は、人間と自然は別個の存在であり、自然は分解できる要素から成り立っていて、それらの要素は自然の法則にしたがって機械的に運動するというものです。

ここから、人間が自然を理解するとは、その客観的な自然法則を発見することであり、その法則を利用すれば、自然を支配することができるという考え方が生まれてきます。

こうした自然（世界）の見方は、自然と人間を分けることのできない一体のものとしてみる東洋的な見方とは、正反対といってもよいものです。人間が自然の一部であるならば、自然の破壊は人間自らの破壊でもあるからです。（中略）

近代科学の根底には、自然は人類の生存をおびやかす以外の何物でもなく、いかに自然を手なずけコントロールするかが、人類の進歩であるという考えがあります。

これに対して、環境問題は、自然の支配という考えにたった近代科学から必然的に生まれてきたものであり、根本的に解決するには、自然と人間が一体になった共生関係という東洋的なとらえ方によって、社会の意識を変えていくことが必要であるという考え方が他方にあります。

（後藤則行「中・高校生のためのやさしい地球温暖化入門」より）

45%

問い　本文中で筆者が、自然（世界）に対する「二つの見方」について、人間との関係において対照的に述べている内容を次の表にまとめた。□に入ることばを本文中から抜き出しなさい。

二つの見方	対照的に述べられている内容
近代科学の見方	人間と自然は別個の存在であり、自然は人間が支配する対象であると考える。
□	自然と人間は分けることのできない一体のものなので、共生関係にあると考える。

（大阪府）

内容理解問題 ②

例題

正答率 47%

——線部①②で他の人の考えを提示した筆者の意図として最も適切なものをあとのア〜エから一つ選び、記号を書きなさい。

人間の頭の良さの特徴とは何か。①多くの研究者が、人間の知能の本質はその社会性にあると考えている。養老孟司《ようろうたけし》先生は、「教養とは他人の心がわかることである」としばしば言われる。他人と心を通じ合わせ、協力して社会をつくり上げることが、人間の頭の良さの本質である。

頭の良さが社会性と深く関わるということを、意外に感じる人もいるかもしれない。学校で勉強ができる子どもはなんとなくツンと澄ましていて、あまりできない子のほうがかえって他人と温かく接することができる。一般にはそのような思い込みがあるかもしれないが、②現代の脳科学では、頭の良さとはすなわち他人とうまくやっていけることであると考えるのだ。

（茂木健一郎「それでも脳はたくらむ」より）

ア 最先端の科学理論を書き、多くの人が信じている今までの考えに誤りがあることを示そうとした。

イ 自分と同じ立場の考えを取り上げ、自分の意見が、偏った特別なものでないことを示そうとした。

ウ 自分と違う立場の考えを予想して書き、問題点を明らかにすることで、その解決策を示そうとした。

エ 他の研究者の考えを取り上げ、自分の意見は、絶対に反論できない真実であることを示そうとした。

（長野県）

ミスの傾向と対策

説明的文章の場合、内容の理解度を試す問題が多い。そのためには、全体の流れをとらえるのはもちろんだが、各部分の正確な理解が要求される。

最も有効な方法の一つは、抽象的な意味を持つ語を多く知っておくことである。上の文章の場合、「本質」、「社会性」、「教養」といった語の意味を知っていると、文章の内容を理解しやすくなる。

解き方

説明的文章では、筆者が論を展開する上で、ほかの人の意見を紹介することがある。

上の文章の場合、選択肢から追っていく方が解きやすい。文章からわかることがどの範囲までであるかを冷静に判断し、選択肢の誇張や擬似内容を見分ける。

解答

イ

入試必出！ 要点まとめ

抽象的な意味をもつ重要語

① 核心＝物事の中心となる大切な部分。＊事件の核心
② 危惧＝成り行きを心配し、恐れること。＊将来を危惧する
③ 既成＝すでに成り立っていること。＊既成の概念
④ 既存《きそん》＝すでに存在すること。＊既存の設備
⑤ 逆説＝真理に反するように見え、一面の真理を表す説。
⑥ 共生＝ともに生きていくこと。＊自然と共生する
⑦ 志向＝意識や思考がある対象に向かうこと。＊上昇志向
⑧ 通念＝一般に共通して認められる考え。＊社会通念
⑨ 踏襲＝それまでのやり方をそのまま受け継ぐこと。
⑩ 必至＝必ずそうなること。＊勝利は必至である

実力チェック問題

解答・解説 別冊 P. 3

1

次の文章を読んで、あとの問いに答えなさい。

二〇世紀後半に科学が非常に速いスピードで進んだために、さまざまな*軋轢《あつれき》が生じてきた。生活スタイルも、社会の構造も、科学の発達のために、大きく変わってきている。変化のスピードは人類がこれまでに経験してきたものと比較にはならない。長い地球上の生命の歴史の本の、最後のページの最終行に登場してきた人類であるのに、過去五〇年あまり、三六五日の歴史の中の〇・四秒あまりの短い間に、われわれは地球環境を変え、他の生物との関係も人間同士の関係も変えつつある。それには、当然ながら、光の部分も陰の部分もある。ある方向に科学が進歩してしまったら、昔はそうではなかったといったところでどうにもならない。現状を認識し、そこからどうしていくのかを考えなければならない。

二〇世紀後半は科学にとって「知の爆発」の時代であった。生命科学の分野においては、二一世紀もそれは続くであろう。しかし、私たちはいま、科学のもたらす新しい知識や発見、成果をどのように生かし、コントロールしていくかを問われる時代を迎えている。

知の活用の仕方をコントロールするには、知恵が必要である。科学の発達がわれわれにもたらす光の部分と陰の部分を考え、地域の文化・伝統・環境・経済を大切にすると同時に、*グローバルな視点ももたなくてはいけない。「時間軸と空間軸の座標」の原点にとどまり、自分や家族、今日明日しか考えないのではなく、一〇〇年前の日本、一〇〇〇年前の世界、人類の誕生、恐竜が闊歩《かっぽ》していたころ、生命の誕生、地球の誕生へと過去を遡《さかのぼ》ったり、逆に何世紀か先の未来へ思いをはせてみたりしたい。また、超ミクロな素粒子や原子・分子の世界を考えてみるのもよい。遺伝、代謝などの生物学的現象、石油からゴムや繊維やプラスチックを作る化学的現象、光や熱が伝わる物理的現象はみな光子、電子、原子、分子の相互作用で起きているのだから。さらに、地球、太陽系、銀河系そして宇宙の果てへと思索の旅をするのもよいだろう。こうした座標の中に置かれて初めて、人類の位置付けや科学のもつ意味を、さらには、科学の進むべき方向を探る知恵が得られるのではないだろうか。

（黒田玲子「科学を育む」より）

（注）*軋轢＝不具合。　*グローバルな＝地球規模の。

45%

問い ——線部「こうした座標の中に置かれて初めて、人類の位置付けや科学のもつ意味を、さらには、科学の進むべき方向を探る知恵が得られるのではないだろうか」とあるが、筆者がこのように述べたのはなぜか。次のうちから最も適切なものを選びなさい。

ア 人類が科学のもたらす陰の部分を光の部分に変えるためには、学問を通して現状を正しく認識する力を養うことが必要だと考えたから。

イ 人類が科学の知識を増やして他の生物や地球との関係を変えるためには、自己とは何かを問い続ける思索の旅が有効だと考えたから。

ウ 人類がさらに科学を発達させていく知恵を得るためには、過去や現在の成果にとらわれず、遠い未来を見通す研究が必要だと考えたから。

エ 人類が自らの影響力を踏まえて科学の成果を正しく活用するためには、時間的にも空間的にも広い視点をもつことが不可欠だと考えたから。

（東京都）

内容理解問題 ③

例題

正答率 16%　差がつく!!

――線部と対比的な内容が書かれている部分を、十五字以内で抜き出して書きなさい。

　哲学は「根元への問い」です。小手先の対応、制度的な維持では解決できない課題を含んでいることがら――いまの学校がそうです。家庭もそうです。国家も、地方行政も会社もそうです。経済の仕組みも、介護の仕組みもそうです――、人間の社会活動、社会集団にかかわるあらゆるもののあり方を、根本から見なおさなければならない時代です。家族のあり方、教育のあり方、経済のあり方を一から、基礎から考えなおすことが、わたしの言う、根元的に考えなおす、あるいは原点に返って考えなおすいとなみで、それをわたしたちは「哲学」とよんできたのです。

（鷲田清一「死なないでいる理由」より）

（長崎県）

ミスの傾向と対策

説明的文章の設問では、上の例題の「対比的」のように、ふだんの生活では使わないような語句が用いられることがある。したがって、左の「要点まとめ」にあるような国語の設問によく見られる語句を理解しておく必要がある。例題でも、「対比的」という語句をきちんと理解していれば、比較的取り組みやすくなる。

解き方

説明的文章では、自論を明確にするために、それとは対比的な内容を示すことが多い。筆者は「哲学」とは「根本」から人間の活動を考えなおすものだといっている。それと「対比的」であるのは、「根本」から考えなおさずに「小手先」で対応したり、「制度」で維持しようとしたりする考え方である。

解答

小手先の対応、制度的な維持（十三字）

入試必出！ 要点まとめ

説明的文章の設問でよく用いられる語句

① 要旨＝文章や考えの中心となる内容。
② 意図＝あることをしようとするねらい。
③ 反論＝反対の意見。筆者の意見や主張に対立する考え。
④ 特性＝そのものだけの特別な性質。
⑤ 仮定＝仮にそのように定めること。
⑥ 展開＝新しい方向に進展すること。
⑦ 対照・対比＝照らし合わせて比べること。
⑧ 前提＝物事が成り立つ条件。
⑨ 認識＝物事の本質や意義を理解すること。
⑩ 典型＝特性をよく表す同種のもの。

解答・解説 別冊 P.3

1

次の文章を読んで、あとの問いに答えなさい。

文脈の問題と区別して考えねばならないのは、知識の問題である。文を解釈し理解しようとすれば、知識が必要となる。たとえば、

五〇ヤード*なので柔らかさが重要であった。

という文は、これだけ読んではほとんど理解できないだろう。文の構造は明確であり、使われている単語もけっしてむずかしいものではない。しかし、これがどのような場面について述べているかについての情報が与えられるか、容易に推定できないと、この文は理解できないのである。

この文は、ゴルフのスイングについて述べたものである、という場面情報が与えられれば、ああそうですか、と①いちおうわかったような気になるだろう。しかし、文が伝えようとしている内容については、ゴルフをした経験があり、ゴルフの知識を十分もっている人でないと、じつはわからないのである。これは、グリーン（ゴルフボールを入れる穴のある、きれいに刈った芝生の部分）まで五〇ヤードであること、ピッチング*（これもゴルフをする人しか知らない用語）などで打つときのスイングを柔らかくすることが大切であること、を述べているのである。

この説明は理解できたとしても、依然として、なぜスイングを柔らかくしなければならないのか、柔らかくとはいったいどのようなことなのかが、いっこうにわからないという人も多いだろう。これを理解するためには、自分がゴルフをし、何度も五〇ヤードの距離を打ってみるという体験をしなければならない。このようにして納得しなければ、②ほんとうにわかったことにはならないのである。身体で理解するという場合である。

この例からも、「わかる」ということには、いくつものレベルがあることが想像できるだろう。

第一のレベルは、言葉の範囲内で理解することであり、第二のレベルは、文が述べている対象世界との関係で理解することであり、さらには第三のレベルとして、自分の知識と経験、感覚に照らして理解すること（いわゆる身体でわかる）というレベルを設定することが必要であろう。

（長尾真『「わかる」とは何か』より）

（注）＊ヤード＝長さの単位。一ヤードは約〇・九メートル。
＊ピッチング＝ゴルフクラブ（ボールを打つ用具）の一つ。

(1) 26%

(1) 文章中で筆者は、「わかる」ということについていくつかのレベルを設定しているが、——線部①「いちおうわかったような気になる」は、どのレベルについて述べたものか。次のア～エのうちから一つ選び、その記号を書きなさい。

ア 第一のレベル以前
イ 第一のレベル
ウ 第二のレベル
エ 第三のレベル

(2) 42%

(2) ——線部②「ほんとうにわかったことにはならない」とあるが、ほんとうにわかることとはどういうことか。具体的に説明されている部分を、文章中から二十字以上、二十五字以内で抜き出して、はじめと終わりの五字を書きなさい。

（千葉県）

内容理解問題④

例題

差がつく!!
正答率 16%

次の文章を読んで、あとの問いに答えなさい。

A文字が読めないまだ幼い子供は、誰《だれ》かに本を読んでもらう。物語はまず耳からやってくる。これは読んでいるのではなく、物語を聞いているのである。つまり、物語は体を通してやってくる。Bそのうちに自分でも読めるようになる。しかし、小さい子供ははじめは声を出して読んでいる。自分の声を耳から聞いて本を読んでいるわけだ。半分読んで、半分聞いている感じかもしれない。

Cそのうち声を出さなくなるけれども、よ〜く見ていると唇がかすかに動いている。人にも自分にも聞こえない声を出して読んでいるのだ。Dもう少し成長すると、唇は動いていないけれど、指で文字をなぞっている。ちゃんと目で読んでいるけれども、まだ体の力を借りないと読めない段階だと言っていい。E大人でも、急いでいるときには指で文字をなぞることがある。体の動きを借りるのである。

Fそして最後に、ようやく目だけ動かして本を読むことができるようになる。これが黙読だ。物語に興味を示し始めてからこうなるまでに、ふつう数年はかかる。気の遠くなるような時間だ。読書のために自分を消すことがいかに大変かがわかる。

ぼくたちは、ふだんこういう過程を経て本が読めるようになったことを忘れている。（石原千秋「未来形の読書術」より）

問い ——線部とあるが、その過程をA〜Fのまとまりでとらえるとき、Eは、本が読めるようになる過程には含まれない。その理由を次のようにまとめた。□の中に入る適切な表現を書きなさい。（青森県）

・EはDの段階の□から。

ミスの傾向と対策

文どうしや段落どうしの関係を見極める記述問題は多い。論を形成している部分と、付加的な部分を見分けることが重要である。

また、文章中に明確な語句がない内容をまとめる場合もあるので、豊富な語彙力を養っておこう。

解き方

E以外は、本が読めるようになる過程が順序よく説明されており、理解しやすい。Eは、大人になっても「体の力」を借りて読むことがあると示すことで、Dを「補足」しているのだということを読み取る。

解答

(例)補足的な説明としてDに含まれる

入試必出! 要点まとめ

文中の表現を言い換えるときのポイント

① 具体的な内容を抽象的な語句でまとめる。

例「優れた芸術家であっても、自分以外の何かを描くときと同じように、自分のあるがままを描くのは難しいのではないだろうか。」

→「優れた芸術家であっても、客観性を持って自分を描くのは難しいのではないだろうか。」

② 具体的な様子を心情を表す語句でまとめる。

例「僕の下手な絵を見て、妹は『わぁ』とすっとんきょうな声をあげた。」

→「妹は僕の絵を見て驚きの声をあげた。」

③ 情景描写を一般的な意味の語句でまとめる。

例「私は、雪のようにはらはらと散る桜に見とれた。」

→「私は美しく散る桜に見とれた。」

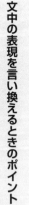

実力チェック問題

解答・解説 別冊 P. 4

1

次の文章を読んで、あとの問いに答えなさい。

恐怖は、身の危険を回避するための基本的な情動の一つであり、多くの動物に共通して備わっている。危険なものを察知すると、瞬時に身がすくんだり、飛びのいたりする。*大脳辺縁系や、*自律神経系を中心とした原始的なシステムだ。

危険に対する選択肢は二つ。逃げるか、戦うか。*交感神経系を優位にして、心拍や血圧を上げ、筋肉や脳に優先して血液を送る。だからふだんは出せないような大きな力が発揮できることもある。「窮鼠《きゅうそ》猫を齧《か》む」や「火事場の馬鹿力」の科学的な根拠だ。

人間の場合、原始的な恐怖発生システムが作動してから、*大脳新皮質の理性によるシステムで、危険の正体をつきとめる。さまざまな知識や経験を参照して、だいじょうぶ、これは危険ではない、あるいは危険は去ったと判断すると、*副交感神経系が優位になり、恐怖の臨戦態勢が解かれる。そのほっとするスイッチが、脳の報酬系だ。脳内麻薬物質ともいわれるエンドルフィンなどの神経伝達物質が放出され、快を感じる。ジェットコースターなど、安全が保証された範囲での恐怖が癖になるのはそのせいだとされる。

（齋藤亜矢「ルビンのツボ」より）

（注）＊大脳辺縁系・大脳新皮質＝それぞれ、脳の一部の名称。
＊自律神経系・交感神経系・副交感神経系＝それぞれ、神経の系統の名称。

46%

問い 本文には、——線部について述べた一文がある。その一文の、最初の五字を抜き出しなさい。

（静岡県）

2

次の文章を読んで、あとの問いに答えなさい。

植物は、どうして種子を遠くへ運ばなければならないのだろうか。種子を移動させる理由の一つは分布を広げるためである。

それでは、どうして分布を広げなければならないのだろうか。親の植物が種子をつけるまで生育したということは、少なくとも生存できない場所ではないだろう。わざわざ別の場所に種子が移動しても、その場所で無事に生育できる可能性は小さい。そんな一か八《ばち》かのために種子をたくさん作って散布するよりも、子孫たちも、その場所で幸せに暮らした方が良いのではないだろうか。

植物は、大いなる野望や冒険心を抱いて種子を旅立たせるわけではない。

環境は常に変化をする。植物の生える場所に安住の地はない。常に新たな場所を求め続けなければならないのだ。そして、分布を広げることを怠った植物は、おそらくは滅び、分布を広げようとした植物だけが、生き残ってきたのである。それが、植物たちが種子散布をする理由である。

常に挑戦し続けなければいけないということなのだ。

（稲垣栄洋「雑草はなぜそこに生えているのか」より）

差がつく!! ① 23%　② 35%

問い ——線部「常に挑戦し続けなければいけない」とありますが、「挑戦」が表している内容を次のようにまとめるとき、［①］、［②］に当てはまる表現を、それぞれ文中から五字以上、七字以内で書き抜きなさい。

> 植物が、新たな場所を求めて［①］させることで、［②］とすること。

（北海道）

内容理解問題 ⑤

例題

正答率 9%　差がつく!!

——線部「名前は理解の一つの形式」とあるが、感情に名前を与えるという例において述べられている名前の役割は何か。三十五字以内で書きなさい。

　ことばは内なる世界（心）に生起する多様なる現象に名前を与えることで、心の諸現象を範疇《はんちゅう》化し、かたちあるものとして表象することができる。名前は理解の一つの形式なのである。相手に対する自分でも理解できないむしゃくしゃした感情を「怒り」とまとめられるのは、ことばのおかげである。いや、怒りではない「あせり」だとまとめることができるのも、ことばの働きである。あるいはそのむしゃくしゃした心の動きを人間関係の中で整理したならば、「嫉妬《しっと》」とまとめられるかもしれない。感情に与えられたこれらの名前は、感情を分類する力を持つだけでなく、それがそのまま自分と世界を関係づけ、その関係を理解する手立てとなる。

（山鳥重「ヒトはなぜことばを使えるか」より）

（栃木県）

（注）＊範疇化＝同じ種類のものに分類・整理すること。

ミスの傾向と対策

　記述問題を解くときは、常に「問われていることは何か」を頭に置いて問題を解くこと。たとえば、上の例題であれば、「相手に対する自分でも理解できない感情をまとめられるという役割。」などとしてはいけない。これは、ことばの働きの一つの例に過ぎない。名前の役割についてまとめられている部分を探す。

解き方

　最後の一文を用いる。「感情を分類する」、「自分と世界を関係づけ」、「その関係を理解する手立てとなる」という重要部分を必ず用いてまとめること。

解答

（例）感情を分類し、自分と世界を関係づけ、その関係を理解させる役割。（三十一字）

入試必出！ 要点まとめ

本文中の表現を使って記述問題を解くときのポイント

① 本文中のどの表現を解答に用いるかを決める。
→例題では、「感情を分類する〜手立てとなる」

② 与えられた条件を守りながら、下書きをする。そのとき、次のことに注意する。
1　文末表現を設問に合わせる。
2　字数はまだ意識しなくてもよい（あとで調整する）。
3　本文中の表現に指示語がある場合は、内容を明確にする。
→例題では、「感情を分類する力を持つだけでなく、そのまま自分と世界を関係づけ、その関係を理解する手立てとなるという役割。」のようになる。

③ 下書きが指定字数を超える場合は、意味の薄い内容を削除する。
→②の下書きを、「感情を分類し、自分と世界を関係づけ、その関係を理解させる役割。」のように書き直す。

解答・解説 別冊 P. 4

1

28%

次の文章を読んで、あとの問いに答えなさい。

人によって高度に管理されているにもかかわらず、田んぼは多くの日本人に自然を感じさせる空間ともなっています。さまざまな研究機関の調査でも、日本人は田んぼのある風景に自然や親しみを抱くという結果が出ています。古くから、また長きにわたって管理されてきた人為的な空間なのに、そこに自然を感じるというのは、一見すると矛盾した感覚のように思えるかもしれません。

それは、おそらく、多くの日本人が、かつての田んぼを、水田漁労や水田狩猟などを可能にするような、つまりイネ以外の動植物が適応することができるような環境だと認めていたからではないでしょうか。つまり、魚や鳥など自分たちにとって有用なものをさまざまに生み出してくれる田んぼの隠された力に、自然を見いだしていたと考えることができます。

人の思いとは関係なく、田んぼは魚にとってすみかであり、産卵の場所になっていましたし、またカモなどの渡り鳥にとっては、羽根を休め、冬を越すための場となっていました。つまりは、ほうっておいても魚や渡り鳥が自分たちから田んぼに寄ってきたのです。そして、そうした動植物を、人は水田漁労や水田狩猟というかたちで利用してきました。

そうした生業*を通して、田んぼの中にできあがった二次的な自然は、稲作をおこなう人びとにとって、もっとも身近な「自然」の空間となっていたといえます。

（安室知「田んぼの不思議」より）

（注）*生業＝生活していくための仕事。

問い ――線部「矛盾した感覚」とあるが、筆者が述べている矛盾した感覚とはどのようなことか。三十五字程度で書きなさい。

（北海道）

2

差がつく!! 14%

――線部「地球環境問題に取り組む方法は多面的にならざるをえません」とあるが、地球環境問題に多面的に取り組むとは具体的にどのようなことか。四十字以内で書きなさい。

一九九〇年代以降、「地球環境問題」という言い方が強調されるようになりました。それは、もはや環境問題が局所的な問題ではなく、グローバルな問題であると認識されるに至った証拠です。なぜなら、エコロジー＝生態学という学問は、そもそも「関係の学」とでもいうべきもので、ある部分だけに局所的な治療を施せばいいという発想を根本的に疑う考え方だからです。エコシステム＝生態系というのは、地球上のあらゆるものが相互的に依存し合っている複雑な関係の網の目であるため、逆にいえば、ある部分が壊れると全体が影響を受けることになるわけです。環境問題をグローバルな視点で見なくてはならないのは、関係とつながりの世界全体の破壊が進行しているからです。

その結果、私たち人間はそもそも自然環境という領域をどう考え、どう扱ってきたのか、また、いま、そして将来にわたって、どういう考え方をもって自然に臨めばいいのか、を考えざるをえなくなりました。その意味では、もはや地球環境問題に取り組む方法は多面的にならざるをえません。何よりも私たち自身がどういう自然の見方を持っているのか、それを可能なかぎり明確に知っておく必要があります。人間にとって自然環境とは何か。これを自然科学のみならず、社会科学、人文科学を総動員して検討していくという課題に取り組む必要があります。文学もまたそのような課題に取り組むひとつの研究分野となっています。

（野田研一「自然を感じるこころ――ネイチャーライティング入門――」より）

（栃木県）

内容理解問題 ⑥

例題

正答率 → 25％ 差がつく!!

次の文章を読んで、あとの問いに答えなさい。

植物の花という資源はいろいろな動物を寄せ集める作用中心のひとつですが、これを動物側からみると、いろいろな植物がひとつの地域にないと困るということに思いがいたります。植物の花には開花期というのがありますから、そこに生息する、たとえばハナバチにとっては、季節を違《たが》えて咲いてくれる多様な植物があってこそ成虫はその生涯と役割をまっとうできるというものです。

（江崎保男「生態系ってなに？」より）

問い　Aさんは、——線部「動物側からみると、いろいろな植物がひとつの地域にないと困る」に着目し、筆者がその理由についてハナバチを例にして述べていることを、あとのようにまとめた。空欄にあてはまる内容を、開花期、生涯、役割の三つの言葉をすべて使って、二十五字以上、三十五字以内で書きなさい。ただし、三つの言葉を使う順序は問わない。

・ハナバチの成虫は、□が必要だから。

（埼玉県）

ミスの傾向と対策

解答の空欄に語を補う形の記述問題は、前後の言葉とのつながりに気をつけよう。また、解答に使用する言葉が指定されているときは、その語が出てくる箇所を本文中から探してみるとよい。解答の手がかりとなることが多い。

解き方

指定されている三つの語のうち、「生涯」「役割」が出てくる最後の文に着目。この文の「季節を違えて咲いてくれる」は、「開花期が異なる」と言い換えることができる。

解答

（例）その生涯と役割をまっとうするために、開花期の異なる多様な植物（三十字）

入試必出！ 要点まとめ

条件が指定されている記述問題のポイント

① 「どのような条件が示されているのか」をおさえる。

例 ・解答に用いる語句が指定されている
・字数が指定されている
・文末が指定されている ｝など

② 条件から解答の手がかりを読み取る。

例 ・解答に用いる語句が指定されている場合
→このような問題は、指定されている語句を本文中から探す。本文中に語句があれば、その前後を用いて解答が作れないか検討するとよい。

③ 解答を作成したら、示されている条件を満たしているかを必ず確認する。

実力チェック問題

解答・解説 別冊 P.5

1

次の文章を読んで、あとの問いに答えなさい。

あなたは、成長する段階でさまざまな社会や文化の影響を受けつつ、いろいろな人との交流の中ではぐくまれてきました。同時に、あなた自身の経験や考え方、さまざまな要素によって、あなたにしかない感覚・感情を所有し、その結果として、今、あなたは、世界にたった一人の個人として存在しています。この世に、あなたにかわる存在は、どこにもないということができるでしょう。

そして、このことによって、あなたが見る世界は、あなた自身の眼《め》によっているということもできるはずです。つまり、あなたのモノの見方は、すべて①あなた自身の個人メガネを通したものでしかありえないということです。

あなたが、何を考えようが、感じようが、すべてが「自分を通している」わけで、対象をいくら客観的に観察し、事実に即して述べようとしたところで、実際、それらはすべて自己を通した思考・記述でしかありえないということになります。どんな現象であろうと、「私」の判断というものをまったく消して認識することはありえない、ということになるのです。

しかも、この自己としての「私」は、そうした、さまざまな認識や判断によって少しずつつくられていく、あるいは少しずつ変わっていくということができます。

これまで出会ったことのない考え方や価値観に触れ、自らの考え方を振り返ったり、更新したりすることを通して、「私」は確実に変容します。

ですから、はじめから、しっかりとした自分があるわけではないのです。

ここに、いわゆる「自分探し」の罠《わな》があります。

本当の自分を探して、どんなに自己を深く掘っていっても、何も出てきません。ちょうど真っ白な原稿用紙を前にどんなに頭をかきむしっても何も書けないのと同じです。

「自分」とは、「私」の中にはじめから明確に存在するものでなく、すでに述べたように、相手とのやりとり、つまり他者とのインターアクションのプロセス*の中で次第に少しずつ姿を現すものです。

このように考えることによって、②あなた自身を「自分探し」から解放することができるのです。

(細川英雄「対話をデザインする」より)

(注) *プロセス＝過程。

(1) 48%

(1) ——線部①「あなた自身の個人メガネ」とは何をたとえたものか。本文中から十三字で抜き出しなさい。

□□□

差がつく!! (2) 7%

(2) ——線部②「あなた自身を『自分探し』から解放することができる」とあるが、どのような状態から解放することができるか。文末が「状態。」となるように、「自分探し」をする上で陥りやすいことを踏まえて、四十字以内で説明しなさい。ただし文末の言葉は字数に含めない。

□□□

(栃木県)

内容理解問題 ⑦

例題

正答率 6% 差がつく!!

——線部のようになるのはなぜか。文章中の言葉を用いて六十字以内で書きなさい。

若いひとたちには、この仕事をすれば報われるのはこの程度までというのがだいたい先に見えるのです。そんなことにじぶんを賭《か》けるのはばかばかしいと考える。あるいは、会社に勤めても学校に行っても、じぶんでなければならない理由を見つけにくい。わたしがいようがいまいがこのクラスは変わらないじゃないか、わたしが出勤しなくても代わりのひとが淡々と仕事を続けるんだろうなというように、じぶんがいることに意味があるのかという問いにとりつかれないひとは少ないと思います。

だから、若いひとは恋愛に強く憧《あこが》れるんです。恋愛は、「あなたでないと嫌だ」という言葉をプレゼントしてくれるからです。会社でも学校でも、「おまえでなくてもいい」という無言の圧力があります。しかし、恋愛は唯一、「あなたでなければいけない」「あなたがいないと生きてゆけない」という世界です。そう言ってもらえれば、「わたしでも生きている意味があるんだ」となる。「わたしってだれなんだ」などと考えないですむ。とにかく、「あなたがいないと困る」「あなたがいることに意味がある」と言ってくれる。だから恋愛に憧れるのです。

（鷲田清一「死なないでいる理由」より）

（長崎県）

ミスの傾向と対策

長い記述問題であっても「三十字程度の要素をいくつ準備すればよいのか」と考え、積極的に取り組むこと。一つの要素があまりに長くなったときは、ほかにも解答に必要な要素があるのではないか、と考えて見直しをすると、ミスを防ぐことができる。

解き方

「六十字以内」という指定字数から、解答に盛り込まなければならない要素が二つはあるということをおさえて解くとよい。最後の一文にも「だから恋愛に憧れるのです。」とあることに着目する。

解答

（例）じぶんがいることに意味があるのかという問いにとりつかれた若いひとに、「あなたがいることに意味がある」と言ってくれるから。（六十字）

入試必出！ 要点まとめ

字数の多い記述問題のポイント

① 記述問題は、「三十字程度で一要素」と考えて取り組む。

例 二十五字以内 → 解答には一要素が必要。
四十五字以内 → 解答には一～二要素が必要。
七十字以内 → 解答には二～三要素が必要。

② 必要な要素の数がわかったら、その要素を文章中から読み取る。

③ 要素がたくさんある場合は、まず「解答に一番必要な要素はどれか」を決める。次に、解答に一番必要な要素の「理由付けや補足説明」となる要素はどれかを読み取り、付け足していく。

④ 字数が不足している場合は、「解答に一番必要な要素」や「理由付けや補足説明」を、さらに補足説明している要素を読み取り、付け足す。

解答・解説 別冊 P. 5

1

差がつく!! 24%

――線部について、これはどのようなことか。絶対語感と絶対音感の違いがわかるように、七十字以内で説明しなさい。

絶対、というと、絶対音感ということばを思い浮かべる人が多いかもしれません。音楽の勉強をするには、絶対音感の訓練を受ける必要があるとされています。けれども、ことばを使うのに、絶対語感がなくてはいけないなどと考える人は、いまのところいないでしょう。

ところが、実際には、ほとんどすべての人が、めいめい絶対語感を身につけています。

「ボクは本の買いにいく」と聞けば、だれでもすぐに間違いに気がつきます。「きのうは天気が悪いだろう」と聞いても、おかしいと思います。関東地方で、「うちら、ようせんワ」と言えば、よその人の言い方だという印象になります。いずれも、自分の絶対語感と照らし合わせて、普通でない、とか、誤っていると思うのです。

アクセントは、関東と関西では、ほぼ、逆になっています。「橋」は東では「シ」が高く、「ハ」は低い。西はその逆になります。「箸《はし》」は「ハ」が高く、「シ」が低いのが東。西はその逆です。こういう点で、日本語の絶対語感は、東西で大きく違っていることになります。お互いのことばに違和感をいだいてしまうのは、それぞれの絶対語感が異なっているからです。

共通語や標準語というルールがあっても、絶対語感にまで及ぶことはできないのです。

「テニス・クラブ」というときの「クラブ」は、もとは「ク」を高く「ラブ」を低く発音するのが一般的でしたが、最近では、「ラブ」のほうに力の入った発音が、若い世代を中心に増えています。いわゆる「平板化現象」といわれるものですが、このように、若い人たちの絶対語感には、一部に変化が起きています。

つまり、地域だけでなく、世代によっても、絶対語感は差があるのです。さらに、同じ地域、同じ世代であっても、ひとりひとりの絶対語感は、微妙な差をもっています。絶対語感とは、社会性を帯びているという点で、ほぼ絶対の物理的同一性をもつ絶対音感とは異なるものなのです。

（外山滋比古「わが子に伝える『絶対語感』」より）

（宮崎県）

2

差がつく!! 13%

――線部とあるが、筆者は、深海にたまった栄養分が浅いところまで上がってくるのは、流氷の海のどのようなメカニズムによると述べているか、七十五字程度で説明しなさい。

ところが、流氷の海のメカニズムは、深海にたまった栄養分を浅いところまで上げてくるのですから、驚きです。

海水が凍るときは、真水の部分だけが氷となって、濃い塩水が海氷から海中にはきだされます。大部分の塩分ははきだされるのですが、一部は海氷の中に閉じこめられます。この閉じこめられた濃い塩水は、ブラインとよばれます。知床《しれとこ》博物館の観察会で流氷を溶かして飲んでみたら、薄い塩味がしました。これは氷の中にブラインをふくんでいるからです。

氷の中のブラインは、時間がたつとだんだん下に移動して、海水中に抜け落ちていきます。流氷からはきだされたブラインや氷が溶けた冷たい水は、表層の海水より重いので、海の底まで沈んでいきます。そして、入れかわりに、深層の海水が浮かび上がってくるのです。これを湧昇流《ゆうしょうりゅう》とよびます。

流氷があることで、海の水が大きく循環するのです。

（中川元「世界遺産・知床がわかる本」より）

（北海道）

内容理解問題 ⑧

例題

正答率 25%　差がつく!!

——線部の様子が具体的に書かれている部分がある。その部分を含む一文のはじめの五字を書き抜きなさい。

父と*久保田万太郎《くぼたまんたろう》の句のことを話していた夜、好きな句を訊《たず》ねると、「あきかぜのふきぬけゆくや人の中」を挙げ、もうひとつを訊ねると、「さびしさは……」と言って絶句してしまったことがあった。私にはその句がどんなものかすぐにはわからなかった。「さびしさは」という上の句を持つ作品は、私もどこかで眼《め》にした記憶がないわけではなかったから、かなり有名な句だったのだろう。しかし、父がどんな句を挙げようとしていたのか、気になりながらそのままにしていた。ところが、先日、眠れないままに久保田万太郎の全句集で句の拾い読みをしているうちに、「さびしさは」という上の句を持つ作品を発見した。

さびしさは木をつむあそびつもる雪

私がどきっとしたのはその句に万太郎の「長男耕一《こういち》、明けて四つなり」という前書きがあったことだった。そこから、私の思いはさまざまに広がった。

外は雪。久保田万太郎がひとりで積み木遊びをしている息子の姿を眺めている。父親である久保田万太郎は、幼い息子のその姿から、ほのぼのとした喜びではなく、哀《かな》しみのようなものを覚えてしまう……。

しかし、死の直前にその句を思い出そうとしていた父には、そうした思いで幼い私を眺めていたことがあったのだろうか。

（沢木耕太郎「無名」より）

（注）＊久保田万太郎＝小説家・劇作家・俳人（一八八九～一九六三）。（秋田県）

ミスの傾向と対策

直前にある、久保田万太郎が自分の息子を見ている様子を描いた部分と混同してしまうと、ミスが起こる。直前部にある「父親」とは、久保田万太郎のことであり、筆者の父親のことではない。このような読み間違いをしないように、丁寧に文章を読むことが大切である。

解き方

筆者と父とのやりとりが描かれている部分から探す。ここでは、冒頭の文に「さびしさは」の句を思い出そうとしていた父の様子が書かれている。「絶句してしまった」とは、話の途中で言葉につまり、あとが続かなくなる様子をいう。

解答　父と久保田

入試必出！ 要点まとめ

文学的文章のとらえ方

① あらすじをおさえる。物語の進行だけでなく、人間関係や場面設定も正確におさえる。
→例題では、二人の父親の姿を重ねて描いている。

② 心情が読み取れる部分をおさえる。
→例題では、「喜びではなく、哀しみのようなもの」という部分に息子を持つ父親の深い気持ちが感じられる。

③ 文章の表現の特徴をとらえる。
→例題では、平易な言葉を連ねながら、どこか優しく語りかけているような雰囲気を生み出している。また、引用された俳句が哀しげな色合いを全体に与えている。

④ 主題を読み取る。
→例題では、父が息子に対して抱く思いを、俳句と重ね合わせて表現している。

解答・解説 別冊 P. 6

1 差がつく!! 15%

次の文章中には、「ぼく」と猫田《ねこた》との様子が描かれているが、ある一文を境にして二人の立場が一変する。その一文を抜き出し、はじめの三字で答えなさい。


「おい、優太《ゆうた》」

呼びかけられてどきりとした。ゆっくりと体を起こす。C組の猫田だった。サッカー部でいっしょだったやつだ。

「やあ」

弱々しい返事になる。逃げるようにサッカー部をやめたときから、サッカー部員に負い目を感じてしまう。嘘《うそ》つきと見られているように思えてしまうのだ。

「元気じゃないの。思いっきり走っちゃってさ」

猫田がにやにやと笑いかけてくる。思わずぼくは自分の左膝《ひざ》に手を当てた。

いや、まだまだ膝が悪いけど、いやなことがあったから、やけになって走ってみようかな、なんて。

そんな言い訳が頭に思い浮かんだ。しかし、膝から手を放して、はっきりと答えた。

「膝はもう治ったんだ。思いっきり走れるんだよ」

猫田が意外そうな顔をする。

「そうなのか」

「もうばっちり」

左膝をばんばんとはたいて見せると、猫田は残念そうに腕組みをした。猫田はぼくがフォワードからディフェンダーに回されたとき、逆にフォワードに抜擢《ばってき》されたやつだ。ぼくがサッカー部を退部するときに、ライバルが減るからとやけにはしゃいでいたのも知っている。

「じゃあ、サッカー部に戻ってくるのかよ」

ふてくされた口調で猫田が訊《き》いてくる。

「戻らないよ。いま戻ってもおまえらレギュラーにはかなわないし、足を引っ張るだけだからさ」

「そ、そうだよな」

猫田がほっとしたように笑い、べらべらと続けた。

「いま優太が戻ってきても、そう簡単にまた元のレベルにまでうまくなるのは難しいもんな。それに、おれたち三年だってこの夏が終われば部活は引退だし」

「そうだな」

なぜか心に余裕があった。しっかりと負けを認める強さが、自分にはあるのだとうれしくなったくらいだ。

サッカーのゴールからそれたボールが、こちらに転がってきた。それに気づいた猫田が、インサイドで*トラップする。

「じゃあ、おれ、もう行くよ」

猫田はボールをグラウンドに蹴《け》り返す。走っていこうとする猫田を脅してやる。

「勝負は高校に入ってからだよ。もし敵だったら目にもの見せてやるぜ」

「わ、わかったよ」

走り去る猫田を見送りながら、何度も自分で言った言葉を噛《か》みしめた。

勝負は高校に入ってから。

いまのぼくにはその言葉が、強がりでも、遠い希望でもなく、やがて来るほんとの未来として感じられた。


（関口尚「空をつかむまで」より）

（宮城県）

（注）*トラップ＝ボールを止める動作。

内容理解問題 ⑨

例題

正答率 45%

——線部「まるで慣性の法則の実験的な出発」とあるが、これとは対照的な様子を表した一文を本文中からそのまま抜き出し、その初めの三字を書きなさい。

　陽《ひ》の光が明るさを増すと、人は旅に心ひかれる。新幹線のシートに腰を下ろして、忙しげなホームの人の動きを見るともなく眺める。座席の下から、すっと薄い板が引き抜かれるような感覚と同時に、車輪はめぐり体は前に進む。この感じが私は好きで、ここから旅は始まると思う。

　新幹線のないころの旅は、まるで慣性の法則の実験的な出発だった。じりじり鳴り立てるベル、ガッチャンと前につんのめった後、ガタゴトと車輛《しゃりょう》は、順次きしみながら引っぱられ、乗客もレールの継ぎ目ごとに振動を感じながら運ばれて行った。

（青木玉「手もちの時間」より）

（福岡県）

ミスの傾向と対策

——線部の比喩表現の意味を正しく読み取ることが、ミス防止につながる。——線部の中の言葉を手がかりに、その内容を考えることが必要である。ここでは、「慣性の法則」が手がかり。これが「体が大きく揺れる」という意味を表していることを読み取って、それと対照的な意味になる表現を探す。ただし、この問題は解答となる箇所にも比喩が使われているので、注意が必要である。

解き方

——線部の表す意味と、どういう旅での出発なのかをつかむ。——線部の前に「新幹線のないころの旅」とある。また、「まるで〜」は、「ガッチャンと前につんのめ」るように出発する様子をたとえている。その部分と「対照的な」様子を表す文なので、はるかにスムーズに出発する新幹線での旅の様子を表現している部分が解答になる。

解答　座席の

入試必出！ 要点まとめ

文学的文章の設問でよく用いられる語句

① 展開＝あらすじの進展だけではなく、心情の変化も含む。
② 心の動き＝心情の変化や、ある局面に見せている気持ち。
③ 表現技法＝表現の中で用いられる技術や工夫。比喩など。
④ 意図＝人物がある行動をとっているときの目的や考え。
⑤ 形容＝ある行動や情景をたとえている表現。
⑥ 回想＝以前の出来事を詳しく思い返している場面。
⑦ 強調＝読者の印象に残るよう、わざと焦点を当てて描くこと。
⑧ 印象的＝内容がきわだつよう表現してある様子。
⑨ 躍動的＝生き生きとしたイメージを与える様子。
⑩ 場面＝時や出来事などによって分けられたまとまり。

1

差がつく!! 18%

――線部「欧米的な知性」をもつ人たちが示す仕事上の行動と対立する行動が、具体的に述べられている部分を含む一文を文章中から探し、その初めの五字を書きなさい。

日本には「人情」という言葉がある。この言葉は、欧米的な知性からみれば、あいまいで、情緒的なものと考えられやすい。庶民の世界を中心にまかり通ってきた、日本人的な感情として、嫌われる向きもある。

しかし、私は長い間の国際交流の活動の中で、特にヨーロッパやアメリカの先進諸国の美術関係者、あるいは優れた文化人たちと接触するようなときでも、最後に通ずるのは、お互いの人間性によってである、ということを感じさせられてきた。そういう場合の人間性は、私たちの言葉である人情と置きかえても、そう間違ってはいないのではないかと思っている。

たしかに、欧米の知識人は、一緒に仕事をするにしても、相談をするにしても、非常に合理主義的で、原理原則をきっちりふまえ、論理的に対応してくる人が多い。中国などでもそうで、人民の立場の主張というものが、はっきりしている。実際に難しい仕事にとりかかろうという段になると、契約をし、文書をとり交わして、どこまでも厳密だ。日本人同士のように、極端な場合には、かなり重大な約束を電話一本で、などということはまず考えられないのである。

ところが、そういう欧米の人々とのあいだでも、本当にものごとが進み、仕事が成立するのは、契約や文書によってではなく、結局は人と人との信頼関係であることがわかってくる。契約や文書は、相手を信頼する理由がないためにとり交わされるものだ。契約をしたんだから、とその上にあぐらをかいていたのでは、何事も始まらない。目的に向かっての熱意や努力を充分に示すことが、相手を動かすのである。ゴリ押しという意味ではなく、そこが人間性と人間性のふれ合いなのだ。こちらの人間性を理解してもらうことができれば、一見つけ入る隙《すき》なく理論武装しているように見える欧米人とのあいだにも、契約や文書を超えたことが、いくらでも起こる。また、そうならなければ、めざましい成果をあげることは難しい。

欧米の先進国に限らず、それぞれの国に特殊性はあるものの、事情はどこでも同じである。人を動かすものは、最終的には人間性で、これを平たく言えば真心が通じるということであり、人情に近いものである。つまり、昔から言われていることではあるが、いろいろな国情や民族の問題がある中で、人情こそは万国共通の、大切なものだ。

（平山郁夫「絵と心」より）

（高知県）

2

差がつく!! 14%

――線部「日本という井戸のなかに住む蛙《かわず》」とあるが、これは「私」がどのような人間であることをたとえているか、書きなさい。

砂漠は、私たち日本人が考えがちなロマンチックな場所ではけっしてない。王子さまとお姫さまが月の光を浴びながら銀色の砂の上を行く――などという＊メルヘンの世界ではない。昼と夜とで温度は激変し、一瞬のうちに砂嵐《すなあらし》が天地をおおってしまう、そういうおそ非情な世界である。日本という井戸のなかに住む蛙である私は、こうした砂の世界に足を踏み入れたとたん、いつも後悔する。よりによって、なんでこんなところへ来てしまったのか！

（森本哲郎「すばらしき旅」より）

（青森県）

（注）＊メルヘン＝童話。おとぎ話。

内容理解問題 ⑩

例題

正答率 ← 49%

――線部とあるが、この表現は、「少年」を取り巻く周囲の状況が変化したことを暗示している。その変化を文章中の言葉を使って、十五字以内で書きなさい。

〔小学生の「少年」は、バスの回数券を使って母親が入院している病院に通っている。次は、ある日バスから降りるときにバスの運転手の「河野《こうの》さん」と話している場面である。〕

河野さんは「どうした?」ともう一度聞いた。

その声にすうっと手を引かれるように、少年は嗚咽《おえつ》交じりに、回数券を使いたくないんだと伝えた。母のこともしゃべった。新しい回数券を買うと、そのぶん、母の退院の日が遠ざかってしまう。ごめんなさい、ごめんなさい、と手の甲で目元を覆った。捕まってもいいから、この回数券、ぼくにください、と言った。

河野さんはなにも言わなかった。かわりに、小銭が運賃箱に落ちる音が聞こえた。目元から手の甲をはずすと、整理券と一緒に百二十円、箱に入っていた。もう前に向き直っていた河野さんは、少年を振り向かずに、「早く降りて。」と言った。「次のバス停でお客さんが待ってるんだから、早く。」――声はまた、ぶっきらぼうになっていた。

次の日から、少年はお小遣いでバスに乗った。お金がなくなるか「回数券まだあるのか?」と父に聞かれるまでは知らん顔しているつもりだったが、その心配は要らなかった。

三日目に病室に入ると、母はベッドに起き上がって、父と笑いながらしゃべっていた。会社を抜けてきたという父は、少年を振り向いてうれしそうに言った。

「お母さん、あさって退院だぞ。」(重松清「バスに乗って」より)

(愛媛県)

ミスの傾向と対策

全体のあらすじや事件を理解した上でまとめなければならない問題である。こうした問題は苦手な人が多いかもしれない。しかし、難しい言葉を使う必要はなく、内容を反映していれば、自分なりの平易な言葉で構わないので、あきらめることなく書いてみよう。

解き方

少年は、回数券を買うと母親の退院が延びてしまうように思えて、残った回数券を使うのをいやがっている。しかし、最後の行の会話文から、「母親の退院」が決まり、そのような心配はいらなくなったという「状況の変化」がわかる。

解答

(例)母親が退院することになった。(十四字)

入試必出! 要点まとめ

文学的文章での記述問題の手順

① 本文中の表現から、解答の核となる部分を考える。
→例題であれば、「お母さん、あさって退院だぞ。」

② 解答の核を用いながら、下書きをする。字数は気にしなくてよい。また、解答の文末を問題に合わせる。
→例題であれば、「お母さんがあさって退院することになった。」などである。問題で「変化」を求められているので、解答の文末は「〜なった。」などがよい。

③ 下書きの字数が指定字数を超えている場合は、字数を調整する。
→例題であれば、下書きの「お母さん」を「母」「母親」などに言い換え、指定字数におさめるようにする。

解答・解説 別冊 P. 6

1

次の文章を読んで、あとの問いに答えなさい。

〔小学校六年生の「幸子」は、曾《ひい》お婆《ばあ》ちゃんの訪問にあわせて自宅の生垣を整えに来ている庭師の「田坂」と「市村」の仕事ぶりを眺めている。〕

田坂は庭から大声で幸子を呼んだ。

幸子はいきなり外から呼ばれたので、何事かとビックリしてすっ飛んで行った。そこにはさっきまでの田坂とは違う、厳しい目つきの庭師がいた。

「明日お見えになるお婆ちゃんの目の高さは？」

幸子は絶対に間違ってはいけないことを聞かれたと思った。

「あたしとちょうど同じだよ」

間髪をいれずに答えた。

田坂は幸子の目の高さを自分の胸の位置で確認した。そして、一度パチンッと＊木鋏《きばさみ》を鳴らしてから、猛然と生垣に向かった。幸子がまったく声をかけられないほど無我夢中の庭師田坂がいた。木鋏が無数に鳴る。

幸子はその音を聞きながら、仕上げの鋏を入れたばかりの生垣を見た。

ちぎられたような枝葉は残っていない。それどころか切口は新しい鋏を入れられて見えなくなっている。枝先に注意すると、幸子の目の位置を境にして、上と下の枝の切られ方が微妙に変えられているのが分かった。数歩下がって見ると、毛羽立った織物を手で撫《な》でつけたように、生垣全体がやさしい表情になっている。電動ノコギリで刈った所と比較すると天地ほどの差がある。

幸子にもこれは大変に手間のかかる、細かすぎる仕事だということが分かった。粘り強さだけではなく集中力が要求される。足元には気をつけなければ分からないほどの細かい破片が落ちている。

日がようしゃなく翳《かげ》りはじめる。

暗くなるとこの仕事はできない。

生垣には無数の枝が生えているのだ。

きのうと同じ若い運転手が来て、ビニール袋の枯葉をトラックに運び始めた。市村は＊モッコクを終わり、箒《ほうき》で最後の庭掃きを始めた。田坂が東から南、そして西側の途中まで来たときに、辺りはすとんと暗くなった。釣瓶《つるべ》落としだ。手元がさらに見えづらくなっている。

しかし、木鋏の音は消えない。

幸子は家中の灯《あか》りをともすことにした。カーテンを束ね、窓をすべて開け、どの部屋も電気を一番明るくした。いくつかあるスタンドも集めて縁側で点《つ》けた。生垣の最後は家の西側に回りこむ。ビワを短く刈りそろえたことが幸いして灯りがあたりやすい。それでも足らず幸子は懐中電灯を持って田坂の横で照らした。

田坂は無言で切り続けている。

握られては開かれる右手の翼から木鋏の刃先だけが出ている。木鋏はあらゆる角度から枝に食いつき、せわしなく鳴き続ける鳥。懐中電灯が照らす小さな明るさの中に生きている鳥。

幸子はそう思った。

そして、ついに剪定《せんてい》は終わった。西側の端の最後の枝の切口を鳥の嘴《くちばし》が鋏《はさ》んで、音がやんだ。

幸子の目の高さにあわせて、生垣がすべて切り揃《そろ》えられた。辺りは真っ暗だった。

（本多明「幸子の庭」より）

（注）＊木鋏＝庭木などの刈り込みに用いるはさみ。
＊モッコク＝関東以西の主に沿岸地に生える常緑樹。

差がつく!! 3%

問い ——線部「せわしなく鳴き続ける鳥」とあるが、これは誰がどのようにしている様子を表しているか。「せわしなく鳴き続ける鳥」がたとえている内容を明らかにして、三十字程度で書きなさい。 （北海道）

内容理解問題 ⑪

例題

正答率 16% 差がつく!!

次の文章を読んで、あとの問いに答えなさい。

「私、子どものころおばあちゃんに訊《き》いたことがあるの。本のどこがそんなにおもしろいの、って。おばあちゃん、何を訊いてるんだって顔で私を見て、『だってあんた、開くだけでどこへでも連れてってくれるものなんか、本しかないだろう』って言うんです。この町で生まれて、東京へも外国へも行ったことがない、そんな祖母にとって、本っていうのは、世界への扉だったのかもしれないですよね。」

（角田光代「ミツザワ書店」より）

問い ――線部「そんな……扉だった」とは、どういうことか。それを説明した次の文の□に入れるのに適当な言葉を、文章中の言葉を使って五十五字以内で書きなさい。

・本は、□であったということ。

（岡山県）

ミスの傾向と対策

比喩表現がどういうことを表現しようとしているのかを読み間違えると、解答も間違ってしまう。また、この例題は、比喩表現がたとえている内容だけでは指定字数に達しないため、さらに内容を補わなければならないので、注意が必要である。

解き方

「世界への扉」という比喩が表す内容は比較的読み取りやすい。直前部の「開くだけでどこへでも連れてってくれるもの」という本の性質をたとえている。

解答

(例)この町で生まれて、東京へも外国へも行ったことがない祖母にとって、開くだけでどこへでも連れて行ってくれるもの(五十三字)

入試必出！ 要点まとめ

文学的文章の記述問題のポイント

① 使えそうな語句を積極的に探す。
→本文中の表現で、記述問題の解答に使えそうな部分はないか、まず探してみる。そのまま解答に使える表現がなくても、「文中のどのあたりが解答に使えるか」ということを大きく把握できていると、解答の手がかりとなる。

② 不自然な文にならないように注意する。
→会話部分など小説の一部を使う場合には、そのまま用いると不自然な文になることが多いので、適切な表現に書き換える。

③ 指示語が指す部分を明確にする。
→例題の「そんな祖母」のように、指示語を含む部分をそのまま使ってはならない。「そんな」が指す部分を必ず明確にして使うこと。

実力チェック問題

解答・解説 別冊 P.7

1 差がつく!! 7%

――線部「希望と自信が、少年の胸にふくらんでいった」とありますが、これは、心平《しんぺい》が、どのような雨鱒《あめます》捕りの経験をしたことにより、どのように思えたということですか。「雨鱒の頭上で、」に続けて、七十字程度で書きなさい。

〔これは、小学校三年生の心平が、以前、捕まえようとしたが逃げられた大きな雨鱒を捕るために、学校が終わった後、一人で川へ行ったときの話です。〕

雨鱒は、大きな石と石の間から身を乗り出すようにして静止すると、じっと心平をみた。ゆったりと呼吸していた。背ビレと胸ビレもゆったりと動かしていた。一点に静止するための動作だった。＊ヤスを突くには遠すぎたので、心平はそっと近づくことにした。

心平は身をかがめて近づいた。心平が近づいても、雨鱒はじっと心平をみているだけで、逃げるようなそぶりはちっともみせなかった。距離が縮まると、雨鱒の背中の斑点がはっきりとみてとれた。実にきれいだった。心平はもう一歩前進した。川床の砂が少し舞いあがった。雨鱒はまだじっとして動かなかった。大きな眼《め》が心平をみていた。心平はさらに雨鱒に近づいた。今度はヤスがとどく距離だった。しかし、もう少し近づけば万全だったので、心平はどうしようかと迷ったが、意を決して近づくことにした。心平はそっと注意して近づいた。まだ雨鱒は逃げなかった。もう、雨鱒は手のとどきそうな距離になっていた。心平は緊張した。ゆっくりと、慎重に前進した。心平は、心臓が大きく鼓動《こどう》しているのがわかった。初めて魚を突いた時もこんな感じだったが、いま心平はそのことは忘れていた。眼の前の雨鱒のことしか頭になかった。

心平はヤスを身体の脇《わき》に引き寄せると、緊張して持つ手にギュッと力を入れた。左手でしっかりと丸太をつかんで、バランスがくずれないように身体を支えた。丸太はぬるぬるしてすべったので、心平は身体を支えるだけにした。それだけでも心強かった。

雨鱒を突く体勢はすっかり整った。あとは、＊秀二郎《しゅうじろう》爺《じ》っちゃに教えてもらった手順を素早くやってのければよかった。心平は、もうヤスの重さは感じていなかった。口が渇《かわ》いて、ドキドキする心臓の、大きくて早い鼓動だけが感じられた。

心平は、雨鱒に悟られないように、注意して、そっと、ヤスの穂先を雨鱒の頭上に持っていった。それでも、雨鱒は動かなかった。心平は、もうひと呼吸、そっとヤスの穂先を近づけた。

雨鱒の頭上で、切っ先の狙いがピタリと定まった。あとはいっきに突けばよかった。

すると、心平は急に手が震えた。刺激が強すぎたのだ。ヤスの穂先がブルブルと震えてしまった。その瞬間、雨鱒はあっという間に反転して、石の向こう側に消えてしまった。

「はい！　逃げられだじゃ！」心平はがっかりした。水中をのぞいたまま声に出していった。

緊張がとけていった。急にヤスが手に重くなった。その時、心平は初めて背中に水滴が落ちたのを感じた。いつの間にか雨が降ってきたのだった。雨は、まだポツリポツリと散発的だった。気温がぐっと下がり始めたのがわかった。

心平は立ちあがると、笑ってため息をついた。

「はあ、ドキドキしたあ」と心平はいった。

逃げられたのにはがっかりしたけど、もう少しのところまで追い詰《つ》めたことがうれしかった。次の機会にはきっと仕留めることができる。希望と自信が、少年の胸にふくらんでいった。

（川上健一「雨鱒の川」より）

（北海道）

（注）＊ヤス＝水中の魚を刺して捕らえる道具。
＊秀二郎爺っちゃ＝魚捕りの名人。

内容理解問題 ⑫

例題

正答率 38%

最後の段落で筆者は、会話やことばに対する自分の「いま」の思いを述べている。その思いの内容を六十字以内で要約しなさい。

この四年、毎週土曜日のラジオで一人のゲストに一時間半、じっくりと話を聞くインタビュー番組をもっている。

これまでに出演していただいたゲストの年齢は十代から八十代までと幅広く、有名無名を問わず、職業や経歴もさまざま。たっぷりとした時間と生放送のスタジオならではの緊張感。ゲストと私とが真剣に向き合うとき、話は思いがけない展開を見せることがある。母親の話をしていて感極まって声を詰まらせる人、話したあとで「そんなことを考えていたのか」と自分でビックリしている人……。つくづく思うのは「ことばは生き物だ」ということ。どんなに周到に準備して構成を考えても、けっしてそのとおりにはならないのである。そこが面白い。

味覚と同じように、ことばに対する感受性も年とともに深まっていくようだ。いま、私にはこうした生き生きとした会話がおいしくてならない。互いに話し尽くし、聞き尽くしたと満足して話を終えるとき、最上の料理を食べ尽くしたときのような深い満足感に包まれる。そして思う。「あぁ、ことばほどおいしいものはない」と。食いしん坊の私は、こうした心と身体を満たしてくれることばなしには、生きる喜びもないとさえ感じる。

（山根基世「『ことば』ほどおいしいものはない」より）

（大阪府）

ミスの傾向と対策

左の「要点まとめ」にあるように、核になる語句であっても、字数に収まらない場合には、不要と思われるものを省くことも必要となる。不要な語句の判断を誤るとミスにつながるため、丁寧な読み取りを心がけたい。

解き方

最後の段落の中心的な内容をまとめればよいが、そのためには核となる語句を誤らずに選び、つないでいくことが必要。核になる語句は、順に「生き生きとした会話」「深い満足感」「心と身体を満たしてくれることば」「生きる喜び」である。

解答

（例）生き生きとした会話のあとには深い満足感に包まれ、そうした満足感を与えてくれることばなしには生きる喜びもないとさえ感じる。（六十字）

入試必出！ 要点まとめ

記述問題で字数を調整するときのポイント

重要な語句であっても、下書きをした結果字数に収まらない場合には、最も不要と思われるものを省かなければならない。

例題の場合、最終段落をまとめてみると、「互いに話し尽くし、聞き尽くしたと満足して話を終えることのできる生き生きとした会話のあとには深い満足感に包まれ、こうした心と身体を満たしてくれることばなしには、生きる喜びもないとさえ感じる。」となるが、九十四字で超えている。この解答では、「互いに話し尽くし……終えることのできる」は「生き生きとした会話」の修飾表現になっている。また、「こうした心と身体を満たしてくれることば」の部分があいまいで、意味が「生き生きとした会話」と重複しているので、この部分を見直すとよい。

1

次の文章を読んで、あとの問いに答えなさい。

〔ヒコベエが、明日の学級委員の選挙について、自分の名前を書いて投票していいのかどうか、家族に相談している。〕

「本当はねえ、困っているのはねえ、僕が自分の名前を書くと、開票の結果、クラス全員五十名が僕に投票したことになりそうなんだよ。僕が自分の名前を書いたことがバレちゃうということなんだよ。」

　ヒコベエの胸の中では、学級委員になりたいという強烈な欲望と、その気持ちを友達には絶対に知られたくないという羞恥《しゅうち》が、＊統御《とうぎょ》できないほどに葛藤していたのである。

母が不思議そうに言った。

「バレてどこが悪いのよ。なりたければ自分の名を書くの、当たり前じゃない。自分の名を書いちゃあいけない選挙なんて、世界中どこにもありゃしないわよ。」

　父が口を開いた。

「本当に五十票満票になりそうなのか。」

「多分なると思う。」

「それなら誰かの名を書いておけば。四十九票でも当選するからな。自分の名を書くのはちょっと、というヒコベエの気持ちはわかるよ。」

「お父さんまでそんな馬鹿なこと言うの。男っていうのは本当に見栄《みえ》っぱりなんだから。」

　母が呆《あき》れたように首をふった。いつも通り、名より実をとる母と、実より名をとる父の意見が分かれたのであった。ヒコベエは内心、父に従い自分の名は書くまいと決めた。

　翌日の投票では予測通り、ヒコベエが四十九票の得票で選ばれた。①この時ほど安堵《あんど》したことはなかった。帰宅するや、ヒコベエは意気揚々と母に言った。

「学級委員長に選ばれたよ。やっぱ四十九票だったよ。お母さんの言うことを聞いていたら大恥をかく所だったよ。」

　母はうれしそうに微笑《ほほえ》んでから言った。

「何言ってるの。相変わらずヒコベエは単純だねえ。お前の名を書かなかったのが一人だけいたけど、それがヒコベエだということを知っているのはお前だけだよ。」

　ヒコベエはなるほどと思った。役所から帰った父に母の話をした。父は面白がって言った。

「②お母さんにしてはいい所に気付いたなあ。でもね、五十と四十九は全然違うんだよ。四十九人の場合は確かにお母さんの言う通りだが、満票だと確実にヒコベエが自分に投票したことが分かってしまう。だからこの一票の差は大きいんだよ。ヒコベエの感じた通り、黒と灰色は全然違うんだよ。」

　ヒコベエは、学級委員長になったことが心の底からうれしくなった。

（藤原正彦「ヒコベエ」より）

（注）＊統御＝全体をまとめ、コントロールすること。

差がつく!! (1) 4%

(1) ――線部①「この時ほど安堵したことはなかった」とあるが、ヒコベエが安堵したのはなぜか。四十字以内で書きなさい。

(2) 28%

(2) ――線部②「お母さんにしてはいい所に気付いたなあ」とあるが、母が気付いた「いい所」とはどのようなことか。四十五字以内で書きなさい。

（栃木県）

心情理解問題 ①

例題　正答率 40%

次の文章を読んで、あとの問いに答えなさい。

　私は何度か砂漠へ出かけた。旅ということばをきくと、どういうわけか私の胸中には空と砂とがひとつに溶け合った果てしない砂漠の光景が浮かぶのである。そのような光景が浮かぶと、つぎの瞬間、私はどうしてもそこへ我が身を置いてみたくなる。こうして私はまるで砂にたぐり寄せられるように砂漠へ旅立った。

　なぜ砂漠にそんなに惹《ひ》かれるのか。自分にもよくわからない。しかし、おそらく、砂漠というものが、私にとってはまったくの反世界だからだろうと思う。

（森本哲郎「すばらしき旅」より）

問い　――線部「まるで砂にたぐり寄せられるように」とあるが、筆者のどのような心情を表しているか。最も適切なものを次のア～エの中から一つ選び、その記号を書きなさい。

ア　空と砂とが溶け合う砂漠の美しさへの感動
イ　砂漠に行くことへの逆らいがたい願望
ウ　砂漠に惹かれることへの漠然とした不安
エ　乾き切った砂漠の風土に直面したおどろき

（青森県）

ミスの傾向と対策

――線部が表している心情を文章全体から理解する。心情がわかる部分が文章中にあるはずである。また、選択肢の内容をよく吟味すること。選択肢の心情を表している語句を文章の内容と比べてみて、最も近いものを選ぶ。

解き方

――線部は、砂漠へ行きたいと願う筆者の気持ちをたとえた表現である。直前部に「どうしてもそこへ我が身を置いてみたくなる」とあり、直後に「砂漠にそんなに惹かれる」とあることをおさえる。

解答　イ

入試必出！ 要点まとめ

心情を読み取るポイント

① ――線部以外の部分にも注目する。
例　おびえた表情で赤い血を流している指先を彼女は見せた。その目には強く訴えるものがあった。
→――線部の心情を読み取るときは、ほかに手がかりとなる部分が必ずある。この場合、「おびえた表情」など。

② 情景描写も人物の心情を表す。
→情景描写は、場面全体の様子を決めたり、人物の心情を暗に示したりする。
例　真っ暗な闇のような道が少年の前に続いていた。少年は何か考えこむようにその道を見つめていた。
→「闇のような道」は、「少年」が考えていることが重くつらいものであることを示している。

③ 人物の表情、会話、行動に注意する。
→心情が直接表現されていなくても、人物が取った行動は、その人物の心情を反映している。

解答・解説 別冊 P. 7

1

39%

――線部について、この表現から岳央《たけお》のどのような気持ちが読み取れるか。最も適切なものを、あとから一つ選び、記号で答えなさい。

〔「鷹匠《たかじょう》」を目指している「岳央」は、師匠から弟子入りを許され、「神室《かむろ》」という名前の一羽の角鷹《くまたか》を訓練することになった。〕

鷹は、自分から人間に歩み寄ってくることはない、と師匠は言う。鷹に身を捧《ささ》げ、人間の側から歩み寄るしか、この孤高*の存在と一体になれる方法はないのだという。そのためには、世俗にまつわる多くのものを捨てることになる。

それでいい、と岳央は思う。

それこそが自分の望んだ世界だった。

三日前、調整と訓練をはじめる際、師匠から問われたことを思い出す。

鷹小屋から調整用の鷹部屋へと移した鷹は、籠手*《こて》から飛び立ちやすくするために、爪《つめ》の先端をヤスリで削っておく。その作業が終わり、鷹を暗箱へ入れる前に、師匠が訊《き》いた。

「この鷹はまだ若い。おまえが上手に扱えるようになれれば、少なくとも、あと二十年以上は生きるだろう」

「はい」

「言ってる意味がわかるか」

「はい、いや――わかりません」

「馬鹿《ばか》者」

「すいません」

「この鷹が生き続ける限り、おまえは鷹に縛られて生きていかなければならん」

「はい」

「人並みの暮らしや幸福を望んだ瞬間、おまえはこの鷹を殺すことになる」

「はい」

「鷹のためにおまえのすべてを捧げる覚悟はあるか」

「あります」

「ほんとうか」

「はい」

「いいだろう」

それだけの会話だったが、いまこうして拳《こぶし》に鷹を据えていると、どれだけ重い言葉を師匠が口にしたか、実感を伴って迫ってくる。

「神室――」と岳央は、鷹の名前を呟《つぶや》いた。

「おれはおまえを決して不幸にはしない」

たとえれば、愛する者への囁《ささや》きとまったく同じ言葉であるが、いまの岳央には、きわめて自然なものだ。

角鷹は、相変わらず超然としたまま、そばの人間を半ば無視するように、籠手の上に佇《たたず》んでいる。岳央には、その姿がむしろ頼もしく見えた。

（熊谷達也「はぐれ鷹」より）

（注）*孤高＝ひとりだけで誇り高くしていること。
*籠手＝鷹を乗せるために腕をおおう用具。

ア 角鷹はそっけない態度であるが、愛情がひそかに伝わってくる様子も見え、今後一緒に成長できることを楽しみにしている。

イ 角鷹の何事にも関心を示さない態度に、強い精神力が感じられ、厳しい訓練を乗り越えて立派な鷹になることを信じている。

ウ 角鷹の人を相手にせず平然としている態度には、人間を寄せつけない厳しさがあり、何事にも動じない力強さを感じている。

エ 角鷹が人を無視するような態度を示すのは、人間に不慣れなためであり、そこに野生動物が持つ独立心の強さを感じている。

（宮城県）

心情理解問題 ②

例題

正答率 20%（差がつく!!）

本文中に「帰心矢のごとき」とあるが、それはどのような気持ちを表しているか。本文の内容から考えて書きなさい。

　旅をする時間もなく、気力もないが、一年中で一番いい季節、家から外に浮かれ出ることはある。一旦《いったん》出たとなると、あそこの赤いものは何だろう、花の蕾《つぼみ》かな、新芽のきれいな葉なのかな。あれ、あの鳥は——まあ花を食べている。あっちを見、こっちを見、きょろきょろと道を千鳥がけに歩いて引っかかってばかりいる。今、*かき通しの紅、はこべの白い花が道端を埋めつくし、*鶺鴒《せきれい》が遊ぶうらうらとしたこの川辺も、帰りには雲が低く被《かぶ》さって淋《さび》しい景色に変わっているかも知れないと思うと、拡《ひろ》がる眺めを胸の中に仕舞い込もうと夢中になる。

　そして暮れ近く、帰心矢のごとき慌ただしさでみる雑踏の灯《ひ》の懐《なつ》かしさ、たとえ朝でかけて夕に帰る通勤のような一日でも、それは私の旅であり、行きが楽しく、帰りもやはり嬉《うれ》しい。

（青木玉「手もちの時間」より）

（注）＊かき通し＝シソ科つる性の多年草。
　　＊鶺鴒＝セキレイ科の小鳥の総称。

（福岡県）

ミスの傾向と対策

　40ページにもある通り、まず比喩表現がどういうことを表現しようとしているのかを読み間違えないようにしたい。字数指定もなく、字数から解答に必要な要素を推測することができないので、文章を丁寧に読み取り、解答に必要な内容を過不足なくおさえておくことが肝要である。

解き方

　「帰心」とは、故郷やわが家に帰りたいと思う気持ちのこと。「矢のごとし」は、その帰る様子を表している。「矢」とあるから、まっすぐ速く進むと考えられる。その両方を書き表す。

解答

（例）家にまっすぐ早く帰りたい気持ち。

入試必出！ 要点まとめ

心情を説明する記述問題の手順

① まず、問題で問われている「心情」を一言で表すと、どのような言葉になるのかを考える。必ずしもそのような言葉が文章中にあるわけではないので、注意が必要。ふだんから、心情を表す言葉をひとつひとつ覚えていく学習が欠かせない。
→心情を表す言葉を覚えるには「気持ちリスト」を作るとよい。大きく「よい気持ちを表す言葉」「悪い気持ちを表す言葉」「どちらも表せる言葉」に分けて、新しい言葉に出会うたびに追加していく。そのリストを心情を説明する記述問題を解くときに、隣に置いておくとよい。

② その「心情」に至った「原因」や、その心情の「説明」となる内容を文中から読み取り、解答に盛り込む。

解答・解説 別冊 P. 8

1

差がつく!! 19%

――線部「ふたたび真っ直《す》ぐにわたしの目を見つめ」とあるが、このときの小早川《こばやかわ》さんの気持ちを、そのような気持ちになった理由も含めて、五十字以内で説明しなさい。

〔「わたし」が部長をつとめる浅川《あさかわ》高校吹奏楽部（浅高吹部）は、マーチングの大会に出場することになり、練習に励んでいた。夕刻、「わたし」は、ひとりで練習をしている小早川＊さんを見かけた。小早川さんは、薄暗い中、ひたすらバトンの練習をしていた。〕

背中に沿ってクルッとまわって戻ってくるバトン。まるで小早川さんから生命を与えられたかのようである。空中を跳ねるときはかかとが頭につくほど伸びやかに両足がひらき、ときに一回転二回転と体操選手顔負けの柔軟さでからだをまわす。ステップは曲に彩《いろど》りを添えるかのように軽やかだ。

あっ。

思わず息を呑《の》む。

小早川さんがバトンを落としてしまった。引き込まれていたため、こちらも胸を突かれてしまう。

少し前の動作に戻り、スピードを落としておさらいをする小早川さん。やはり同じところでバトンを落とす。なんども繰り返したあと、深くうなだれ、その場に座り込んでしまう。

その姿はとても落ち込んでいるように見えた。

思わずからだが動く。

気がつくと小早川さんのもとにかけていた。

「すごい。ホントにすごいわ。振りつけはひとりで考えたの？　めちゃくちゃカッコイイよ。予選のときと大きく変えるんだね。あとひと息じゃん」

とにもかくにも自分の感動を伝えたかった。

ぽかんとしたままの小早川さん。ようやく口を開く。

「見てたんですか？」

「うん、見てた。小早川さんって本当にからだが柔らかいんだね。頭のてっぺんからつま先まで全部きれい。バトンさばきもずば抜けてるし、嘉門《かもん》＊先生がドラムメジャー＊に選んだ理由がわかったの。あなたしかできないもん。しかもひとり隠れてこんなに練習してたなんて、すごいよ」

小早川さんは心底驚いた様子でまじまじとわたしの顔を見つめた。そして、一度視線を落としたあと、ふたたび真っ直ぐにわたしの目を見つめ、

「怖いんです」

と口走る。

「えっ？」

「怖いんです。いろいろ……。バトンを落としちゃったらどうしようとか、リズム間違えたらどうしようとか」

意外な返事に言葉を失う。

「吹部のマーチングはやればやるほどバラバラになってます。全部わたしのせいなんです」

「そんなこと……」

「先輩たちからはカウントが聞こえにくいとか、テンポが速すぎるとかいろいろ言われてます。一生懸命やってるんですけど……」

小早川さんの目から一筋の涙が落ちた。

「あなたのせいじゃないわ」

（赤澤竜也「まぁちんぐ！　吹部！#2」より）

（注）＊小早川さん＝一年生でマーチングバンドを先頭で指揮する重要な役に選ばれる。
＊嘉門先生＝吹奏楽部の副顧問。
＊ドラムメジャー＝マーチングバンドの指揮者の呼称。

（宮崎県）

心情理解問題 ③

例題

正答率 → 12% 差がつく!!

——線部「身の引き締まる思い」とあるが、それは「剛《たけし》」のどのような思いか。三十字以内で書きなさい。

〔川島工務店に住み込むようになった中井《なかい》剛は、＊宮大工の仕事に興味をもてないまま、日々を過ごしていた。しかし、＊棟梁《とうりょう》や川口をはじめとする工務店の人々との交流や作業の手伝いを通して、少しずつ剛の考えは変わっていき、とうとう「弟子入りさせてください」と言った。〕

しょんぼりしていると、工場から出てきた木村が、

「ほら、これを運んでいけよ。」

と、木槌《きづち》を手渡してくれた。ずっしりと持ち重りのする大槌だった。

「ありがとうございます。」

それをかついで駆けていくと、案の定、川口がトラックのそばで厳しい顔つきで見守っていた。

「おおい、出発するぞ。」

川口の号令で、みんながトラックとワゴン車に分乗して待つうちに、棟梁が玄関にあらわれた。いつもと同じ朝の光景だった。

だが、剛には、これまでの朝とはまるでちがう空気を吸っているような気がする。ワゴン車の後部座席に腰かけていても、いつになく身の引き締まる思いがしていた。

——今日からは新入りの弟子だからな。覚悟を決めて修業しなきゃ、この先輩たちに追いつけねえぞ。どんなに怒鳴られたって、きつく追いまわされたって、音《ね》を上げずに随《つ》いていかねえとな。

剛は、そう自分に言い聞かせた。

（内海隆一郎「大づち小づち」より）

（注）＊宮大工＝神社・寺院などの建築や補修を専門に行う大工。
＊棟梁＝大工の親方。

（栃木県）

ミスの傾向と対策

登場人物の心情をとらえるときは、登場人物が置かれている状況を読み取ることが大切。直前の内容だけを読んで、「これまでの朝とはまるでちがう空気を吸っているような思い」などとしないように注意する。ここでは、弟子入りを志願したことをふまえて、直後の内容をとらえてまとめること。

解き方

「剛」の思いが描かれている部分を探す。最後の一文に「剛は、そう自分に言い聞かせた」とあるので、これより前の部分に「剛」が心の中で思ったことが書かれている。「今日からは～随いていかねえとな」の部分をまとめる。

解答

（例）弟子となったからには覚悟を決めて修業に耐えようという思い。（二十九字）

入試必出！ 要点まとめ

小説文の記述問題の手順

① 解答する上で着目する部分を探す。
↓例題であれば、「今日からは新入りの弟子だからな。覚悟を決めて修業しなきゃ、この先輩たちに追いつけねえぞ。～音を上げずに随いていかねえとな」の部分に着目。

② 着目した部分について、解答の核となる言葉を選ぶ。
↓「弟子」「覚悟を決めて修業」「音を上げずに随いていかねえとな」など、解答の核となる言葉を選ぶ。「どんなに怒鳴られたって、きつく追いまわされたって」などのような、核ではない部分は省く。

③ 選んだ言葉をつないだり、同じ意味の別の表現に変えたりして、指定の字数に合わせて解答を整える。

1

差がつく!! 6%

――線部「汗をぬぐって～夏休みのはじまりを告げた」とあるが、この場面から亜樹《あき》のどのような心情がわかるか。六十字以内で書きなさい。


「ありがとうございました！」

　しずかな体育館に佐々木の野太い声がひびいた。その佐々木の真《しん》摯《し》な態度が、亜樹まで神聖な気分にさせる。

　佐々木はなかなか頭をあげなかった。そしてとつぜん、ボソリといった。

「無駄じゃなかったよな。」

　亜樹は、どきんとした。

「ここですごした時間は無駄じゃないよな。」

　目標は達成できなかった。夢中になれるものとして卓球を始めて、途中オリンピックも夢じゃないとふくらんだ希望、そしてなんとも救いのない引退試合。わたしの三年間は無駄だった？　それは、最後の試合から今まで、亜樹が必死でさけてきた疑問だった。

「レギュラーになれなくても、勝てなくても、いいんだよな？」

　佐々木の声が、急に弱々しくなる。近所の子達《たち》にいじめられていた「まーくん」の声になってる。

「そんなの、わかんない。」

　佐々木から目をそらしたとたん、亜樹まであの頃《ころ》にもどりそうになる。

　負けずぎらいで、妙に勇敢だった「あっちゃん」だった頃に。まだ自分をおさえることなく「素」で生きていた時代に。

　あの頃、泣き虫であまえんぼうのまーくんを助けるのは、なぜか亜樹の役目だった。「そんくらいで泣かないの！」「泣いたら、ますますいじめられるよ！」あの頃の亜樹は、まーくんのことをどなってばかりいた。

「これから、無駄じゃなかったって、思えるようにするの！」

　亜樹から、思わず怒ったような声がでた。

「いつかそう思えるようにするの！」

　妙に強気だった、あの頃の気持ちがよみがえる。

「そっか……。」

　佐々木は顔をあげると、小さく笑った。そして「やっぱ、つえーなぁ。」と、感心したようにいった。

　亜樹がむっとした顔をすると、佐々木はにげるように、そのまま体育館をでていってしまった。

　亜樹は、ボールをかたづけると自分も入り口に立ってみた。

　勢いでえらそうなことをいっちゃったけど、無駄じゃなかったって思える日なんて、本当にくるのかなあ。卓球が自分をかえてくれると信じて、夢中でとりくんで、でもなんにもかわらなかった。かえられなかった。

　亜樹も佐々木のように背筋をのばしてみる。とりあえず、わたしもお礼はしておこう。これは、運動部の礼儀だから。

「ありがとうございました！」

　亜樹は頭をさげて、大声をだした。亜樹の声が、からっぽの体育館に気持ちよくひびく。

　今はまだくやしいだけ。

　でもいつか、ここでプレイしたことは無駄じゃなかったって心の底から思いたい。

　顔をあげると、だれもいない体育館が、しずかに夏の陽射《ひざ》しをとりこんでいた。汗をぬぐって、身をひるがえす。亜樹は体育館の重いとびらを勢いよくしめた。ガシャーンという轟音《ごうおん》が、亜樹に去年とはちがう夏休みのはじまりを告げた。


（草野たき「リボン」より）

（福島県）

（注）＊真摯＝まじめでひたむきなさま。

理由説明問題 ①

例題

正答率 42%

――線部について、生きものはなぜ「雪の下でぬくぬくと」眠ることができるのか。その理由を具体的に述べた一文を探し、はじめの五字を抜き出して書きなさい。

「山眠る」と類縁*の冬の季語に、「枯」で始まるものがいくつかある。しかし、そのどれもが寒々《さむざむ》としていて、生きものの気配が少しも感じられない。その点「山眠る」には、明らかに生きものの息吹《いぶき》が感じられる。そこに一種のなごやかさを感じるのは、おそらくそのせいであろう。いうまでもなく、冬の山では、やがて訪れる春のために、生きものたちはぼつぼつ準備を始めている。そうかと思えば、雪の下でぬくぬくと眠っている生きものも珍しくはない。冬眠する動物もそうだし、植物もまた暖かい雪の布団《ふとん》にくるまって春を待っているのである。

「暖かい」という表現は、多少不自然な感じを与えるかもしれない。雪は冷たいものと、だれもが思い込んでいるからである。しかし、大気の温度がどんなに下がっても、積雪の層が温度を遮断《しゃだん》して、ある深さから下層の雪の中はマイナスの温度になることがない。だから厳寒の山地では、これを「暖かい」と表現してもおかしくはない。植物はこの暖かい環境のおかげで、凍害*にかかることもなく越冬できるというわけである。

（北村昌美「森を知ろう、森を楽しもう」より）

（注）＊類縁＝似かよっていて、近い関係にあること。
＊凍害＝寒さによって凍るために受ける被害。

（滋賀県）

ミスの傾向と対策

説明的文章で――線部の理由を問われたとき、多くの場合、解答は文中にはっきりと書かれている。段落の要点をおさえながら、文脈・文章展開を丁寧に読み取っていくこと。特に難度の高い問題では、――線部の近くにその理由が書かれていることはあまりないので、文脈・文章展開を考えながら答えを探すことが大切である。

解き方

――線部の内容を、その後で「暖かい雪の布団にくるまって」と言い換えている。「雪が暖かい」ということを述べているのは、第二段落なので、この段落から解答を探せばよい。

解答

しかし、大

入試必出！ 要点まとめ

理由を説明する問題のポイント（説明的文章）

説明的文章では、文脈・文章展開を正しく理解し、次に挙げるような言葉・内容に気をつけながら、解答を探すとよい。

① 「理由」を表す言葉
→「なぜなら〜」「だから〜」「したがって〜」「〜から」「〜ので」「〜ため」「〜て」などに気をつける。

② 段落の要点
→ある段落の要点がそのまま――線部の理由になることもある。また、要点を手がかりに、――線部の言い換え表現を見つけられれば、それをヒントに答えを探すことができる。

③ 中心段落の要点や、文章の要旨
→これらが――線部の理由になることもある。

実力チェック問題

解答・解説 別冊 P. 8

1

42%

――線部「いっそう自分のものになる」とあるが、それはなぜか。最も適当なものを、あとのア〜オの中から一つ選びなさい。

自分の生まれた国、生まれた社会、生まれた時代、生まれた境遇、等々によって、私たちはそれぞれ、自分の意志や意向とかかわりなく、一定の過去を背負っている。また、その延長上におのおの自分の歩いてきた道がある。そこには、ひとそれぞれの退《の》っ引《ぴ》きならない生がある。

たとえ自分から見て他人の置かれている立場がどんなに羨《うらや》ましくとも、また逆に、他人の不幸な境遇にどんなに同情しても、私たちは個人として他人とすっかり入れかわることはできない。他人の立場に身をおくということは、私たち人間の相互理解のために大切な行為であり、人間の重要な特性の一つである。けれどもそれは、一定の限度のなかで可能であるにすぎない。*ひっきょう自分は自分でしかありえない。自分は自分だけで成り立っているのではなく、他人たちとの関係性のうちに成り立っているにしても、それでも自分は自分でしかありえないのだ。

こうして、私たちの一人一人にとって、自分の一生とは、まず、ほかには成り替われない一生ということになる。しかし、だからといって、それはなにもかもすべてが決定されていて、自由な選択がまったくできないということではない。これまでの過去については、また条件づけとしては、動かすことができないにしても、いいかえれば、それぞれに固有の過去を背負い、幾重《いくえ》にも条件づけられてはいても、その上でなお多くの可能性や選択の余地が残されている。また、たとえ一人一人の背負っている過去は動かせないとはいっても、それは事実としてのことにすぎない。一人一人がその過去を、過去の諸事実を、どのような意味をもったものにするかは、現在の、またこれからの問題である。さらに、今後の可能性ということになれば、生きていくそのときどきの各人の道の選び方や決断、それに意志的な努力によって大きくかわりうるのである。

いま、各人の道の選び方や決断といったが、それはなにも、右すべきか左すべきかというような、はっきりした人生の重大な岐路に立っての選択や決断のようなものばかりではない。選択や決断は、もっと目立たないかたちで私たちの日常的な生活のなかでも求められることである。テレビのチャンネルを選ぶことだって選択であり、テレビを見ていていつ立とうかと思うのだって決断である。選択し、決断することは、私たちが*惰性に流されるのではなく、自覚的に生きようとすれば、いつでも伴ってくる。だからそれは、毎日毎日の生活のなかでたえず新鮮なものを見出《みいだ》すこと、またそういうあり方を積み重ねていくことにも結びつくのである。一人一人が職業のうちにせよ、社会的な活動のうちにせよ、趣味のうちにせよ、自分の歩む道を見出すことができれば、各人それぞれの一生は、いっそう自分のものになる。そして、選択も決断も意志的努力も、思い、考えることなしにはありえないわけだ。

（中村雄二郎「哲学の現在―生きること考えること―」より）

（注）＊ひっきょう＝つまり。　＊惰性＝なかなかやめられない習慣。

ア 社会や家族との関係ばかりを自覚していた生に、自分の過去に縛られる職業や趣味が加わるから。

イ 互いに分かり合うことを最も大切にしてきた生に、自覚的な判断による友人の選択が加わるから。

ウ 自由な選択ができず個性がなかった生に、自覚的な生き方によって初めて自分の個性が加わるから。

エ 変えられない過去に縛られると自覚していた生に、自分の人生を左右する重大な決断が加わるから。

オ 国や社会、時代などにより決定された生に、日々新鮮なものを見出す自覚的な生き方が加わるから。

（福島県）

理由説明問題 ②

例題

正答率 40%

――線部について、筆者が「思い込み」だという理由をあとの中から一つ選び、その記号を書きなさい。

地球温暖化が人の暮らしをおびやかしているというニュースが茶の間に飛び込んでくるたびに非難を浴びるのは原生林の破壊である。森は自然災害の発生を防ぐ役割を果たしているが、とりわけ熱帯雨林はいろいろな種類の木がごっちゃまぜに生育しているので、森の総合力という点で抜群に優れている。また、寒帯の原生林は飛び抜けて面積が大きく、気候条件が厳しいために、ひとたび森のバランスが崩れると、森が回復するためには長い時間がかかる。私たちが原生林が失われていることに憂いを抱いているのは、原生林こそ森の王者であるという思い込みがあるからだろう。

私たちの身近な森を振り返ると、人間が誕生して以来、人の暮らしが豊かになるにつれて、森は様々な理由で犠牲を強いられてきた。特に熱帯と寒帯の中間にある暖帯と温帯の地域は、人口密度が高く、生活水準も高いので、あらゆる手を用いて原生林が伐《き》られてきた。しかし、原生林を伐った後に生えてきた二次的な天然林の中には原生林に優《まさ》るとも劣らない森があることも事実である。

（田嶋謙三・神田リエ「森と人間」より）

ア 人の手の入らない原生林とは異なる二次的な天然林の中にも、原生林と同様に優れた森があるから。

イ 人々の暮らしが豊かになるにつれていつも犠牲を強いられてきたのは、優れた原生林であったから。

ウ 地球温暖化が進むことで、森のバランスが崩れ原生林が失われてしまうことに気付いていないから。

（神奈川県）

ミスの傾向と対策

説明的文章では、論理展開を考えると文脈が読み取りやすくなる。段落の要点に着目しながら、「この段落は、どのような役割を果たしているのか」ということをおさえていくとよい。特に難度の高い説明的文章ほど、こういったことにしっかり取り組むことが、差がつくポイントとなる。

解き方

直後の段落は、――線部を含む一文を受けて、私たちの身近な森は、原生林を伐った後に生えてきた二次的な天然林であり、「原生林に優るとも劣らない森がある」と述べていることに注目する。原生林だけが優れているわけではなく、二次的な天然林にも優れたものがあるので、「原生林こそ森の王者である」と考えることを「思い込み」と言っているのである。

解答 ア

入試必出！ 要点まとめ

説明的文章の論理展開のポイント

① 序論　書き出しの部分。文章の話題を提示したり、筆者が語ろうとしている内容を強調したりする。

② 本論　筆者が用意している結論へ向けて、読者の納得がいくように説明する。

③ 結論　筆者がその文章を通じて伝えたい意見やまとめが書かれる。

右の三つを軸にして、次のような内容が付加される。

④ 具体例　読者の理解を助ける具体的な例を述べる。

⑤ 反論　読者からの反論を予想し、それへの答えを示す。

⑥ 補足　理解の一助となる内容を示す。

解答・解説 別冊 P.9

1

次の文章を読んで、あとの問いに答えなさい。

相互によく理解し合っている人間同士の伝達においては言葉の筋道はつねに完全な線状である必要はないことが多い。要点は注目されるが、それ以外の部分はどうでもよい。等閑*に付されたところはやがて風化がおこるであろう。こうして、方々が風化して線に欠落ができると、線的な筋が点の列になって行く。親しいと感じ合っている人たちの間の言語における論理は線ではなくて点の並んだようなものになっている。

人間には、こういう点をつなげて線として感じとる能力がだれにもそなわっているのである。したがって、点的論理が了解されるところでは線的論理の窮屈さは野暮なものとして嫌われるようになる。なるべく省略の多い、言いかえると、解釈の余地の大きい表現が含蓄のあるおもしろい言葉として喜ばれる。点を線にするのは一種の言語的創造をともなうからであろう。点の線化は昔の人が星の点を結び合わせて図形を読みとり、名を冠して星座をつくりあげたことなどにもあらわれている。

日本語はヨーロッパの言語が陸続きの外国をもった国で発達したのとちがって、島国の言語であり、家族語におけるような論理が社会の広い範囲に流通していると考えてよい。そういう日本語の論理は線的性格のものではなくて、点的性格の方がよく発達しているのは自然のことである。念には念を入れた、がっちりした構成の表現はむしろ重苦しいものと感じられる。上手な人のうつ囲碁の石のように一見は飛んでいるようであっても、その点と点を結び合わせる感覚が下敷きになっているときは決して非論理でも没論理でもなく、りっぱに「筋」をもっているのである。

日本語が論理的でないように考えられるのは、ヨーロッパ語の線的論理の尺度によって日本語をおしはかるからである。成熟した言語社会の点的論理を認めるならば日本語はそれなりの論理をもっていることがわかる。よく引き合いに出される禅*にしても、点的論理の概念をとり入れることによって、その独自の論理性は充分合理的に説明できるはずである。また、俳句の表現もいわゆる論理、線状の論理からは理解しにくいものであるが、点的論理の視点からすればきわめて興味あるものになる。考えようによっては、点的論理がよく発達した言語社会だからこそ俳句のような短詩型文学が可能になったのだと言うこともできる。

点的論理の背後には陥没した線的論理がかくれて下敷きになっている。そして点を統合して線として感じとるところに表現理解の創造的性格がひそんでいる。どんなにしても踏み外すことのない太い線をたどることがおよそ退屈であるのとは対照的である。

（外山滋比古「日本語の論理」より）

（注）＊等閑に付された＝あまり注目されず、ほうっておかれた。
＊禅＝ここでは、禅宗の修行の一つとして僧の間で行われる「禅問答」のこと。

差がつく!! 15%

問い ――線部「俳句の表現も……理解しにくいものである」とあるが、「点的論理の視点」からは興味あるものである俳句の表現が、「線状の論理」からは理解しにくいものである理由を、文章中の語句を用いて次のように説明するとき、[　　]にあてはまる最も適当な語句を、文章中から五字で書き抜きなさい。

・俳句は[　　]表現となっているから。

（北海道）

例題

正答率 41%

次の文章を読んで、あとの問いに答えなさい。

「けやきのほうが先に住んでいたんですよ。そこへわたしが住むようになって、ずっとあとにまわりの家が建ちはじめたのです」

矢口《やぐち》さんの口調は、次第に熱を帯びはじめた。

「それなのに、葉を落とすからって厄介者にするのは、あとから来た人間の身勝手というものではありませんか。……雨樋《あまどい》の掃除《そうじ》などは、ちゃんとした家なら、もともと毎年やるべきものです。玄関や庭にいたっては、毎日欠かさず掃除すべきものなのです。けやきの葉が落ちなかったら、掃除は一切しないというわけですか。……わたしは、ここに住んでいるあいだ、ずっとそう主張し続けてきました。おかげで、ご近所には頑固爺《がんこじじい》と呼ばれていたようですがね」

原田《はらだ》さんは、圧倒される思いでうなずいた。

「いや、おっしゃる通りです。落葉を嫌うのは、われわれが自然と一緒に生きているということを忘れた、とんだ思い上がりです」

（内海隆一郎「欅《けやき》の木」より）

問い 右の文章は、けやきを切ろうと考えていた原田さんが、切るのをやめる決心をした場面で、次の文は、原田さんがけやきを切ることをやめた理由について説明したものである。□に入る言葉として最も適当なものを、文章中から三十字で抜き出し、はじめと終わりの五字をそれぞれ書きなさい。

・□であるという矢口さんの考えに共感したから。

（千葉県）

ミスの傾向と対策

空欄のあとに「〜であるという矢口さんの考え」とあるので、それにつながるように抜き出すようにしよう。また、「三十字で」と指定されているので、過不足なく抜き出すこと。字数制限を手がかりとしながら、「矢口さん」の言葉の中から探せばよい。

解き方

文章の最後の「原田さん」の言葉に着目。これは、「矢口さん」のけやきを守ろうとする言葉を聞いたことへの反応。「矢口さん」は、「人間の身勝手」からけやきを切ろうとすることを強く非難しており、その核心部分を探せばよい。

解答

葉を落とす〜間の身勝手

入試必出！ 要点まとめ

心情が表れている表現

文学的文章では、人物の行動の理由はその人物の心情であることが多いので、心情を正しくとらえる必要がある。

① 会話部分からはその人物の性格や考え方がわかる。
→例題であれば、「ご近所には頑固爺と呼ばれていたようですがね」から、矢口さんは周囲の目よりも自分の考え方を大切にする人物だとわかる。

② 表情からはその人物の気持ちがわかる。
→「母は青い顔をして私の様子をうかがっていた。」という文であれば、母親が自分のことを心配しているのだとわかる。

③ 態度や動作からは気分や感情がわかる。
→「妹は私の顔を見ないように目をそむけた。」という文であれば、妹が反抗心やつらい気持ちを抱えているとわかる。

④ 地の文から心情を説明する部分を見つける。
→「弟の声はいつになく甲高いものであった。」という文であれば、弟が興奮したり、緊張したりしているとわかる。

解答・解説 別冊 P. 9

1

次の文章を読んで、あとの問いに答えなさい。

〔バスケットボール部のキャプテンである「オレ」は、イギリスのロンドンに転校することになった。卓球部に所属している東山《ひがしやま》から宮本剣《みやもとけん》の話を聞いた翌日の昼休み、「オレ」は弁当を食べている宮本に声をかけた。〕

突然声をかけると、宮本ははしを持つ手を一瞬びくっと震わせた。

「はい？」

オレのほうを数秒見てから、宮本はまた弁当箱に目を戻した。

「バスケ部、見学に来てるだろ？　あれって、マジで興味あるわけ？」

宮本は答えない。

「バレー部の部長に聞いたけど、おまえ、バレーでパラリンピック目指そうとしたんだろ？　で、断られて今度はバスケを見にきて。正直、なんでもいいのかよ、ってオレは思ってた。」

また答えないで、宮本はミートボールを口へ放り込む。

「でも昨日、東山としゃべったんだ。いとこなんだろ？」

「あ、はい……。」

「東山は、別のことを言った。おまえはきっと新しい扉を開きたいんだ、って。『剣は病気になったからこそ、新しい世界に出会えた、という経験をしたいんだと思う。』って。」

花壇の花が、風に吹かれて揺れている。紫色の花びら。地面に「クレマチス*」という立て札が差してある。

「それって本当にバスケなのか？」

「うーん……たぶん違うと思います。」

「えっ。」

もし歩きながら話していたら、オレはズッコけて転んだかもしれない。覚悟していたのだ。「バスケをやりたいです！」と言われたら、車椅子バスケがどんなものか調べたり、部員たちに相談したり、いろいろやらなきゃな、と。

「ぼく……小四まで元気で、卓球やりまくってて。」

「うん。」

「それが急に病気になって、納得できなかった。膝《ひざ》に人工関節入れたけど、ぼくは運動神経いいし、スポーツ、やり続けられるって思ったんですよ。逆にスポーツ続けなきゃ、って思いこんでいるようなとこもあった。」

少しわかる。ロンドンでクリケット*やラグビーをやったらどうだと言われても、納得できなかった。バスケを続けたい気持ち、整理できていない。

「だからバレーを考えて、次にバスケもありかなって。」

「うん。」

「でも、本当はもっと気になることを見つけてて。」

「え？」

「それはスポーツじゃないから、なんか意地張っちゃって。まだ決心が。」

「何部のこと言ってんのかよくわかんねーけど。」

「まだ秘密。」

「でも、その選択、きっといいんじゃないか？」

宮本はけへへ、と笑った。（吉野万理子「部長会議はじまります」より）

（注）*クレマチス＝白や紫の花色をしたツル性植物。
*クリケットやラグビー＝イギリス古来の国民的な球技。

差がつく!! 21%

問い　——線部について、「宮本」の決心がつかない理由を次のようにまとめた。□にあてはまる言葉を、本文中の言葉を使って、二十六字以上三十字以内で書きなさい。

> スポーツ以外にやりたいことが見つかったが、□という考えを捨てきれずにいるから。

（大分県）

例題

正答率　25%　差がつく!!

次の文章を読んで、あとの問いに答えなさい。

「朝」と「morning」、「おはよう」と「Good morning」。どちらも、それぞれの国の朝に似合うことばであり、それぞれの人たちが心地《ここち》よいと感じながら発音している。どちらが良いかは、一概に言うことはできない。

しかし、鮮烈な朝日で迎える日本の朝には、日本語のアサ、オハヨウがよく似合う。日本に生まれ、日本の朝日の中で「アサヨ、オハヨウ」と言われて抱き上げられる赤ちゃんの脳には、素直に、ことばと情景の感性リンクが成立する。

もちろん、英国の薄暗い朝に、穏やかな低音で「Good morning」と言われて抱き上げられる赤ちゃんの脳にも、素直に、ことばと情景の感性リンクが成立する。

こうして、その国の風土と人々の意識とによって、長く培《つちか》われてきたことばが、母国語である。

（黒川伊保子「日本語はなぜ美しいのか」より）

問い　次の文章は、英国や日本の人々にとっての母国語について、筆者の考えをまとめたものである。□にあてはまる最も適切な言葉を、本文中から十五字で抜き出して書きなさい。

・英国や日本の人々にとっての母国語は、ことばに込められた情感が深い。それは、□していることに加え、ことばが風土と意識とも強く結びついているためである。

（長野県）

ミスの傾向と対策

要旨に関わる抜き出し問題は、まず結論段落を中心としながら解答を探す。次に、全体の内容を考えながら、各段落の要点を見直していくとよい。文章を何度も読み直して解答を探す、というのは避けたい方法である。ミスしやすくなるだけではなく、時間を大きくロスし、ほかの問題に手が回らなくなってしまう、という事態になりかねない。問題を解くときは、時間配分にも気をつけて取り組むことが重要である。

解き方　筆者は、日本と英国の朝の情景について、それぞれ「鮮烈な朝日」「薄暗い朝」と表現している。そして、その特色によく似合うあいさつによって「ことばと情景の感性リンクが成立」すると結論づけている。

解答　**ことばと情景の感性リンクが成立**

入試必出！要点まとめ

抜き出し問題・選択問題のポイント

① 抜き出し問題は、字数制限に注意。
→「～字以内」は、指定字数の八割以上が望ましい。

② 似たような語句が並ぶ場合、最も明確なものを選ぶ。
例 日本の建物のつくられ方は、障子やたたみやかやの屋根など、その素材において独特である。
→「独特」なものは何かと問われた場合、――線部がすべてあてはまるが、「素材」が最もまとまった意味をもっている。

③ 選択問題では、まずは正しいものを考える。確認として消去法を使う。不必要な内容を含む選択肢は選ばない。
→四つの選択肢があれば、一つは正解で、もう一つは明らかに間違っているもの、残り二つは、一部は正しいが、一部は間違っているものとなっていることが多い。

解答・解説
別冊
P. 9

1

次の文章を読んで、あとの問いに答えなさい。

＊青丹《あおに》よし奈良《なら》の都は咲く花の匂《にお》うがごとく今盛りなりと詠《うた》われた奈良の都は、恐らくはかなり短い時間に一気に建てられた建築群であったと想像されるが、美しいには美しかろうが、感動を覚える風景ではなかったのではないか。新しいものには生々しさがあり過ぎるからだが、生々しさの正体はそれを造った人間の情＊念の生々しさだから、慾《よく》のかたまりに見えてしまう。古《いにしえ》の奈良の都に在った建物の殆《ほとん》どが消え去り、幾つかの堂塔が残されているばかりだが、生々しさは＊疾《と》うの昔に無くなり、風雪に耐えてここまで来たという揺るぎない自信を感動として受け取ることができる。

　民家の保存や＊修景の仕事をしていると、例えばアルミサッシなど、後補された部分に違和感があるし、腐っていてかなりの部分を新しくすることも多い。出来上がってみると何かしらじらしい感じになっていてうろたえる思いをする。その家が新築された時の姿に戻ると、消え去っていた情念が亡霊のように現れてくるのであろうか。

　崩れかけた土塀というのも古都には随所に見られる。絵にしたこともある。しかし、それを元の形に修復すると、もう絵にする気にはならなくなる。ここにも同じ要素があった。建物の方は造った人間の情念を感じるけれども、土塀などにはあまりそれが無い。時間の経過だけが純粋にあるようだ。これが時間というものの正体ではないのか。してみると、時間を個人的に捕らえてみると、人間の造ったものは、人間自身、完成したと思っているんだろうが、これから俺《おれ》が時間をかけて入念に完成してやるのだ。よく見ておけ、ということのように思えてくる。

（吉田桂二「家づくりの知恵」より）

（注）＊青丹よし～＝花が咲き乱れるように、奈良の都は、今美しく輝いている。
＊情念＝心にわく感情や思い。
＊疾うの昔＝ずっと以前。
＊修景＝歴史的景観に調和するよう、家屋などを改修すること。

差がつく!! 22%

問い 次は、四人の中学生の発言である。――線部「これが時間というものの正体ではないのか」における筆者の考え方と最も近いものを選び、記号で答えなさい。

ア わたしは古代の土器に興味を持っています。当時日常的に使用されていた土器が、時を超えてわたしたちの目の前に現れるとき、その存在感に心を動かされる気がします。

イ わたしは化石を発掘する作業に参加させてもらったことがあります。わたしたちにはるかな時の流れを感じさせてくれる作業は、深い感動と新しい驚きを与えてくれました。

ウ わたしは日本の古典文学をよく読みます。時の流れに風化することなく、現代へと語り継がれてきた作品の数々は、わたしにとって大きな魅力を感じるものだからです。

エ わたしは美術部に所属しています。絵画や彫刻はその時代それぞれに特徴があるといえますが、時を超えてわたしたちに語りかけてくれることに変わりはないと思います。

（鹿児島県）

例題

正答率 38%

――線部「読書をしているあなたはそこにはいない」とあるが、どういうことか。本文中の語句を用いて、四十字以内で書きなさい。

考えてみれば、ぼくたちは日常生活を送っているときにも自分を忘れている。それがどうして黙読の技術を習得するためには、これほど長い時間を必要とするのだろうか。それは、たぶん黙読には意識が深く関係しているからにちがいない。文字への意識と自分への意識は、おそらく隣り合わせなのだろう。だから、黙読に一番じゃまなのは、自分を意識することだ。自然に黙読をしているときには、意識はあなたを忘れている。意識はあなたを知らない。意識は文字だけに向かっている。まるで、「自分」という存在がいなくなってしまったかのように。読書をしているあなたはそこにはいない。

（石原千秋「未来形の読書術」より）

（青森県）

ミスの傾向と対策

記述問題には、解答を書き起こそうとしてもなかなかできないものがあり、ミスしやすい。左の「要点まとめ」で解説しているように、まず解答の中心となる部分を決めて、そこから順に周辺部を付け加えていく方法で、解答を作っていくとよい。

解き方

――線部「読書をしているあなたはそこにはいない」とは、自分自身を「意識」しないということである。そのときには「意識は文字だけに向かっている」とある。この二つの内容をまとめ、さらにどういう状況のときなのかを表す言葉を補う。

解答

（例）黙読をしているときには、意識はあなたを忘れ、文字だけに向かっているということ。（三十九字）

入試必出！　要点まとめ

「中心」を決めて記述問題の解答を作る

① 解答の中心となる部分を決める。
→例題であれば、「意識は文字だけに向かっている」を解答に用いると決める。

② ①で決めた内容の補足をしたり、理由付けをしたりして、関係の深い内容を補う。
→例題であれば、意識が「文字だけに向かっている」ということは、「意識はあなたを忘れている」ということである。①と②をつなぎ、「意識はあなたを忘れ、文字だけに向かっている」とする。

③ 指定字数に達していない場合は、不足している字数分だけ、さらに補足する内容をつけ加える。
→例題の場合「黙読をしているときには」を補う。

解答・解説 別冊 P. 10

1 差がつく!! 7%

——線部について、筆者は木のどのようなことが偉大だと述べているか。三十字以内で書きなさい。

大きく育った大木を見ていると、私は動くことのできない生きものの生き方とは何だろうかと、考えることがある。私たちは、自分自身が移動できることを前提にして自由を考えている。ところが木は、動けないからこそ、ひとつの能力を身につけたような気がする。それは自分が必要としているものを呼び寄せるという能力である。

秋に落とす大量の落葉は、微生物や小動物を呼び寄せ、そのことによって彼らに肥料をつくってもらっている。木がもつ保水能力も何かを呼び寄せるためのものかもしれない。ときにたくさんの花をつけて虫たちを呼び寄せ、たわわに実をみのらせて、鳥や山の動物たちを呼び寄せる。そうやって他者の力を借りながら、木は生きているように感じるのである。

そうでなければ、そのほとんどが何百年も、あるいは千年以上も生きつづける木が、毎年あれほど多くの実をつける必要性は理解できない。もしも子孫を残すためだけだったら、毎年一粒の実をつけ、その一%が芽を伸ばすことができるだけでも、大抵の木は数本の子孫を残すことが可能なはずなのだから。

ところが木々は、毎年山のような花をつけ、山のような実を落とす。なぜなのだろうか。もしもそれが他者を呼び寄せるためのものだとすれば、私も何となく納得ができるのである。

そして、もしそうであるとするなら、木が自由に生きるためには、他の自然の生きものたちも自由に生きていられる環境が必要である、ということになるだろう。木は自分の自由のために、他者の自由を必要とするのである。

それは素晴らしいことである。人間はときに自己の自由を手にするために、他者の自由を犠牲にさえするのに、木は他者の自由があってこそ自分自身も自由でいられるのである。

自由を、日本の昔からの言葉のつかい方に従って、自在であることと言い直せば、木が自在な一生を生きるためには、自在に他者を呼び寄せ、自在に他者とともに生きていく世界が必要なはずである。

こんなふうに考えていくと、自由はさまざまである。移動できないものの自由も、ここにはある。

一本の大木を見上げると、<u>何百年もの間そこを動くことなく生きつづけた偉大さ</u>を、私たちは感じる。

（内山節「自由論」より）

（滋賀県）

要旨 ③

例題

正答率 12%　差がつく!!

次の文章を読んで、あとの問いに答えなさい。

「自分探しの旅」という言葉を耳にするたびに、ぼくはむずがゆいような違和感を覚える。人はいつでも「世界と共にある」のに、この場合の目的地は外界ではなく、自分の内面へと向かっているからだ。本来の旅とは自分を変えるために行うものでも癒《いや》しのために行うものでもなく、自己と世界との関係を確かめ、身体を通して自分が生きている世界について知る方法ではなかったか。

　*ナショナルな枠組みや、言語、性など、旅の中で人は自分に付いてまわるあらゆるものを意識させられる。何にもとらわれない個としての自分という存在がありえないと認識する一方で、しかしすべてを抱え込みながら「一人のわたし」として生きていけるかもしれないということを、ぼくは世界を旅する中で強く感じてきた。

　世界は自分との関係の中で存在し、自分は世界との関係の中で生きている。大切な人のことを思い、今まで過ごしてきた時間について繰り返し問い続けながら、世界と共にあること。地理的な未踏の地がなくなったとしても、自己と世界とのかかわりの中で「一人のわたし」はさまざまな境界線を飛び越え、無数の未知を発見する旅にでることはできる。

（石川直樹「旅とはなにか」より）

（注）*ナショナル＝国家的。国民的。民族的。

問い　三つの段落において、筆者が考える「旅」とは、どのようなものか。筆者の「旅」に対する考えを、「関係」、「未知」の二つの語を含め、五十字以内にまとめて、書きなさい。なお、二つの語はどんな順序で使ってもかまわない。

（山形県）

ミスの傾向と対策

30ページにもあるように、解答に使用する言葉が指定されているときは、その語が出てくる箇所を本文中から探してみるとよい。解答の手がかりとなることが多い。

解き方

第一段落の「本来の旅とは～」のあとに、筆者の旅に対する考えが書かれている。また、「関係」と「未知」という指定語句に着目。第一段落・第三段落に「関係」、第三段落に「未知」という言葉が出てくることをおさえる。

解答

(例)自己と世界との関係を確かめ、そのかかわりの中で、無数の未知を発見することができるというもの。（四十六字）

入試必出！ 要点まとめ

解答に用いる語句が指定されている記述問題のポイント

① 本文中から、指定語句を探す。
→例題であれば、第一段落・第三段落「関係」、第三段落「未知」に着目。

② 指定語句がある文に着目しながら、段落の要点を確認。
→例題であれば、第一段落、第三段落の要点を確認。文章を読んでいるときに、第二段落の内容もおさえられていると、なおよい。

③ 文意に注意して、解答をまとめる。
→例題であれば、文章で述べられている「関係」「未知」の意味に合うように、解答を作成する。

解答・解説 別冊 P.10

1 差がつく!! 8%

筆者は、この文章の中で、「言語を持つこと」によりどのようなことがもたらされたと述べているか。「共有」「精神活動」という二語を用いて六十字以内で書きなさい。

言語によるコミュニケーションは、食物とか外敵のような外界の対象についての情報だけでなく、心の内部の情報も伝えることができるのが大きな特徴です。心の内部といっても、言語によって伝えられるのはあくまで意識できる範囲です。言語によって、痛みを訴える場合のように主観的情報を積極的に他人に伝えることができ、また、他人からどこがどのように痛むかを問うことによって、痛みという主観的情報にアクセスすることができます。

主観的情報、すなわち意識の内容は、言語によるコミュニケーションがとれない場合には観察の対象となりませんでしたが、言語によるコミュニケーションによって、アクセス可能な情報となりました。もちろん、意識の内容にアクセスするには、伝えようとする意志を持つことが前提となります。言語の表現力が伴わなかったり、意図的に嘘《うそ》をついたりすることもありますから、得られる情報はいつも正確だとは限りませんが、信頼関係が保たれている限り、意識へのアクセスが可能だと考えることができます。

他人の意識の内容にアクセスできるということは、自分の意識の内容と他人の意識の内容を比較することが可能だということで、同じ意識の内容を共有することも可能となります。意識の内容の共有により、外界の事物だけでなく、意識の内容についても共有できる概念形成が可能になります。したがって、外界の事物とは直接に対応づけられない抽象概念も、意識の内容として確認し合うことにより、共有できることになります。例えば、愛という概念は、さまざまな経験や物語などの事例から確立された共有概念であり、日常の出来事に愛という言葉が用いられるたびに、共有概念として妥当であることが確認されていると考えることができます。このように、言語により他者の意識へのアクセスが可能になったことから、抽象概念が生まれ、意識の対象が拡大していったと考えられます。

言語はコミュニケーションの手段として発達した機能ですが、言語で表現される対象は、獲物の発見や外敵の危険を仲間に知らせるというような、動物でもすでに持っていた情報だけではなく、抽象概念のような、言語の獲得によって新たに発生した情報も加わりました。言語の出現は、その結果として、コミュニケーションの効率を高めるという段階をはるかに超えて、意識によって担《にな》われる精神活動に、広大な新たな世界をもたらしました。

人間は、地球上においては、生態系のなかにある一つの生物種にすぎませんが、広大な精神的な空間を所有している点においては、チンパンジーのような高等な動物と比べても比較にならない存在です。この点において、人間の問題は、生物理解から類推できる範囲をはるかに超えてしまっているので、その理解には特別な手法が必要となるとしても不思議ではありません。

人間の精神活動に新たに出現した世界は、言語の獲得によるものですから、言語の性質と切り離すことはできないわけです。人間理解の根源をつきつめれば言語に行き当たるということは間違いないことです。人間の特徴は、言語によって開かれた世界にあるといっても過言ではなく、人間理解に至るには言語の性質の理解を避けて通ることはできません。

（戸川達男「動物の生き方　人間の生き方
―人間科学へのアプローチ―」より）

（福島県）

例題

正答率 45%

次の文章を読んで、あとの問いに答えなさい。

　環境問題は人間活動が引き起こしたものであり、その評価は人間の価値観に基づいている。ところが、その価値観は人によって異なる。これが環境問題を複雑にし、解決を難しくしているといえるだろう。その解決のためには、市民それぞれが環境問題に対する正しい認識をもつことが必要だ。それぞれが自ら学び、価値観の異なる人の考えも考慮した総合的な視点をもたなければならない。我々をとりまく環境をどうするのか。それを決めるのは我々自身である。

（花里孝幸「ミジンコ先生の水環境ゼミ」より）

問い　Aさんのグループでは、「環境問題を考えるうえで大切なこと」について、右の文章から説明しようと考え、あとのようにまとめた。空欄にあてはまる内容を、価値観、認識、環境の三つの言葉をすべて使って、五十字以上、七十字以内で書きなさい。ただし、三つの言葉を使う順序は問わない。

・環境問題の解決に向けて、［　　］を決めることが大切である。

（埼玉県）

ミスの傾向と対策

　要旨に関わる記述問題は「要旨を答えなさい」と問われることはほとんどないため、一見しただけでは、要旨を問われているとわからないことが多い。文章の一部だけに注目して解答を作ってしまわないよう気をつけよう。文章を読み取りながら、あるいは一つ一つの問題を解きながら要旨を考えることが大切である。

解き方

　段落一つ分の要点を空欄に合うように指定字数内でまとめる問題。段落全体をまとめる場合には、その段落の中心部分を考えること。この場合、「その解決のためには～」で始まる二文が中心部分である。

解答

（例）市民それぞれが、環境問題に対する正しい認識をもち、価値観の異なる人の考えも考慮した総合的な視点に立って、我々をとりまく環境をどうするのか（六十八字）

入試必出！ 要点まとめ

問題を利用した要旨の読み取り方

　説明文・論説文では多くの場合、何らかの形で「要旨」に関わる問題が出題される。問題を解いていきながら、その文章の「要旨」をおさえるとよい。

　左の①～④で挙げているような問題が出題されているときは、要旨に関わる問題であることが多い。

①「筆者の意見をふまえて」などの条件が示されている問題。
②最初の段落、または、最後の段落に引かれた――線部に関する問題。
③結論段落から出題された問題。
④結論段落が解答の中心となる問題。

1

差がつく!! 6%

筆者は、言語によるコミュニケーションにはどのようなことが大切であると述べているか。送り手、受け手の二語を用いて六十字以内で書きなさい。

言葉で表《あら》わすとは、対象を取り出して、当てはまる言葉に振り分ける、すなわち分節化する作業である。外界の無限の多様性を、有限の言語によって切り分けるという作業なのである。一本の大きな樹《き》がある。「大きな」という言葉の選択の裏には、「見上げるばかりの」とか「天にも届きそうな」とかの別の表現が、潜在的な可能性としては数えきれないほど存在したはずで、そんな可能性をすべて断念し、捨象*した表現が「大きな樹」という便宜的な表現になったのである。「大きな樹」は、その樹の属性の一部ではあっても、その樹の全体性には少しも届いていない。「言葉には尽くせない」という表現自体が、言葉のデジタル性をよく表わしている。

人は自分の感情をうまく言い表わせない時、言葉のデジタル性を痛感する。言葉と言葉の間にあるはずのもっと適切な表現をめぐって苦闘する。感情を含めたアナログ世界をデジタル表現に移し替えようとするのが、詩歌や文学における言語表現であるとも言える。折に触れてコミュニケーションの大切さが言われるが、私たちはともすれば、デジタルをデジタルに変換しただけの作業を、コミュニケーションだと錯覚しがちである。

もともと言語化できないはずのアナログとしての感情や思想があり、それを言語に無理やりデジタル化して相手に伝えること、それがコミュニケーションの基本である。『哲学事典』（平凡社）は、そのところを、「送り手が記号を媒介*にして知覚、感情、思考など各種の心的経験を表出し、その内容を受け手に伝える過程」と定義している。ここで言う「記号」とは、ヒトの場合であれば言語ということになるが、動物の場合は、鳴き声や、身振り、威嚇など、いずれもアナログな表現がコミュニケーションの「媒介」手段である。ヒトだけが、例外的にコミュニケーションにデジタルを用いることが多いのである。

言語を媒介としているので、受け手としては、どうしても言語の抱え持っている辞書的な情報そのものを、送り手の伝えたかったすべてと考えてしまいやすい。しかし、送り手の内部でアナログのデジタル化は、ほとんどの場合、不十分なものであるはずなのである。特に複雑な思考や、あいまいな感情などを伝えようとするときには、デジタル化はほぼ未完のままに送り出されると思っておいたほうがいいだろう。

従って、伝えられたほうは、言葉を単にデジタル情報として、その辞書的な意味だけを読み取るのではなく、デジタル情報の隙間から漏れてしまったはずの相手の思いや感情を、自分の内部に再現する努力をしてはじめてコミュニケーションが成立するのである。真のコミュニケーションとは、ついに相手が言語化しきれなかった「間《あいだ》」を読みとろうとする努力以外のものではないはずである。それがデジタル表現のアナログ化であり、別名、「思いやり」とも呼ばれるところのものなのである。

（永田和宏「知の体力」より）

（注）＊捨象＝物事のある性質を取り出すとき、他の性質を排除すること。
＊媒介＝両方の間に立ってとりもつこと。

（福島県）

語句補充問題

例題

正答率 16%　差がつく!!

文章中の□に入る適切な内容を、「余分なもの」「文化」の二語を使って、二十五字以内で書きなさい。

　砂漠には何もない。何もないということがとうぜんのようになってくると、逆に、なぜ日本の生活にはあんなにもたくさんのものがあるのか、奇妙に思えてくる。あんなに多くのものに取り巻かれなければ暮らしてゆけないのだろうか、と。もしかしたら、それらのものは、ぜんぶ余計なものではないのか。余計なものに取り巻かれて暮らしているから、余計な心配ばかりがふえ、かんじんの生きる意味が見失われてしまうのではないか……。

　しかし、待てよ、と私は考える。生きてゆくのに必要なものだけしかないということは、文化がないということではないか。生きてゆくうえに必要なもの、それを上まわる余分のものこそが、じつは文化ではないのか。文化とは、言ってみれば、余計なものの集積なのではないか。だとすれば、砂漠を肯定することは、文化を否定することになりはしまいか……。

　それにしても――と私はさらに考えなおす。私たちはあまりにも余分なものを抱えこみすぎているのではなかろうか。余分なものこそ文化にはちがいないが、さりとて、□。余分なもののなかで、どれが意味があり、何が無価値であるか、それをもういちど考えなおす必要がありはしまいか……。

　砂漠とは、こうした反省を私にもたらす世界である。

（森本哲郎「すばらしき旅」より）

（青森県）

ミスの傾向と対策

　空欄にあてはまる内容を予測し、それを表現することが求められている記述問題である。自分で表現するところで多くの受験生が手こずったと思われる。

　解答ができたら、空欄にあてはめてみて、文意がおかしくないかどうかを確認することで、ミスを防ぐことができる。

解き方

　直前の段落で、「余分のものこそが、じつは文化ではないのか」と言っている。その後、「それにしても」と続け、「私たちはあまりにも余分なものを抱えこみすぎている」とも述べている。空欄のあとでは「余分なもののなかで、どれが意味があり、何が無価値であるか」と述べていることから、「余分なもの」はすべてが重要というわけではないという文脈をとらえる。

解答

(例)余分なものがすべて文化だというわけではないだろう(二十四字)

入試必出！ 要点まとめ

空欄に文を補う問題の解き方

　空欄に文を補う問題は、どの出題形式であっても解き方は変わらない。いつも同じ手順で解けるよう、練習をしておきたい。

① 文章の内容から考えると、空欄にはどのような言葉が入るのかを予測する。
② 予測した言葉と同じような言葉を、抜き出し問題であれば本文中から探す。選択問題であれば、選択肢から選ぶ。記述問題であれば、文章中の表現を利用しながら、解答を作成する。
③ ②の答えを空欄にあてはめ、文意が通っているかを確認する。

解答・解説 別冊 P. 11

1

次の文章を読んで、あとの問いに答えなさい。

そう言えば、私たちはこれまで多くの小説を、「成長の物語」とか「喪失の物語」とか「和解の物語」といった類の、私たちがすでに知っている「物語」として読んでいたのではなかっただろうか。つまり、実は小説にとって「全体像」とは既知の「物語」なのである。だからこそ、私たち読者は安心して小説が読めたのだ。

こう考えれば、私たちは小説を読みはじめたときから「この物語の結末はもう知っている」と思うだろう。読みはじめたばかりの小説なのに、もう全部知っているのだ。まだ知らない世界をもう知っているという□がそこにはある。読者は知らない道を歩いて、知っているゴールにたどり着く。適度なスリルと、適度な安心感があるのだ。私たちが小説に癒やされるのは、そういうときだろう。

（石原千秋「読者はどこにいるのか」より）

（栃木県）

46%

問い □に入る語として最も適当なものはどれか。

ア 伏線
イ 課題
ウ 逆説
エ 対比

2

文章中の□に入る適当な言葉を、「切る」という単語を使って二十字以内で書きなさい。なお、「切る」という単語は活用させてもかまわない。

42%

＊植辰《うえたつ》が三人の屈強な男たちを連れて裏木戸から入ってきたのは、その直後だった。＊鳶職《とびしょく》の頭《かしら》を紹介し終えたところへ、ちょっと待ってくれないか、と原田《はらだ》さんはいった。

そのとき原田さんの脳裏には、隣家の主婦たちの険しい顔と、息子たちの批判がましいまなざしが浮かんで消えた。——ようし、あくまで近所迷惑と責め立てるなら、雨樋《あまどい》の掃除《そうじ》ぐらい、わたしが引き受けようじゃないか。

「思うところがあって、けやきを切るのはやめにしたよ。せっかく来てもらって申し訳ないが、あとでちゃんとわびをするから、頭には引き取ってもらってくれないか」

むつかしい顔をするだろうと思った植辰は、意外にも陽《ひ》やけした顔をほころばせた。

「それは、よござんした。じつは、わたしも立木を切り倒すのが大嫌いでしてね」

ふだんになく口数多く、植辰はそのわけを話してくれた。一向に実をつけない木や花の色づきの悪い木の前で、「こいつはだめだから切ってしまおう」と話していると、その年は心を入れかえたように大きな実や美しい花をつける、というのである。

「やつらには心があるんですよ。ちゃんと聞いていて、頑張ろうとするんです」

「すると、あんなに新芽が美しかったのは、けやきが□」

原田さんが、そういいながら振り向くと、矢口《やぐち》さんはほほ笑んでうなずいた。そして、潤《うる》んだ眼《め》をけやきの梢《こずえ》へ向けた。

（内海隆一郎「欅《けやき》の木」より）

（注）＊植辰＝植木職人の呼び名。　＊鳶職＝土木・建築工事をする職人。

（千葉県）

詩の知識・鑑賞

例題

正答率 42%

次の詩と鑑賞文を読んで、文章中の□にあてはまる最も適当な一行を、詩の中からそのまま書き抜きなさい。

樹木　草野心平《くさのしんぺい》

*嫩葉《わかば》は光りともつれあひ。
くすぐりあひ。
陽《ひ》がかげると不思議がつてきき耳をたて。
そよ風がふけば。
枝々は我慢が利《き》かずざわめきたち。
*毛根たちはポンプになり。
駆け足であがり。
枝々にわかれ。
葉つぱは恥も*外聞もなく裸になり。
*隈《くま》どりの顔で。
歓声をあげ。

（注）＊嫩葉＝若くてやわらかい葉。　＊毛根たち＝ここでは、根毛のこと。　＊外聞＝世間の評判。　＊隈どり＝役者の表情を強調するために、顔面を一定の型で着色すること。

この詩で作者は初夏の樹木の様子を的確に伝えるために、若葉や枝々のありさまを、人間にたとえて表現しました。

外界の風や光の変化に応じてめまぐるしく表情を変える樹木の姿が、まるで無邪気な子どもがたわむれているかのように表現されています。また、「□」という一行からは、根が吸い上げたものが樹木の内側を流れていく勢いを読みとることができます。

（福島県）

ミスの傾向と対策

詩を理解するには、比喩表現をはじめとした表現技法を的確に理解しなければならない。さまざまな表現技法の種類はもちろん、その効果や用い方を知っておく必要がある。「要点まとめ」にあるような表現技法は、しっかり覚えておこう。

解き方

解説文の二行目「人間にたとえて表現」と、□のあとにある「根が吸い上げたものが樹木の内側を流れていく勢い」をおさえる。「根が吸い上げたもの（水）」が、「樹木の内側を流れていく」ことを、「人間にたとえて表現」しているところを詩から探す。

解答

駆け足であがり。

入試必出！ 要点まとめ

詩に用いられる表現技法

① 比喩　あるものをほかのものにたとえて表現する。
・直喩　「〜のように（な）」を用いて直接たとえる。
例 砂をかむような思い。
・隠喩　「〜のように（な）」を用いずにたとえる。
例 天使のほほえみ。（天使のようなほほえみ、の意）
・擬人法　人間ではないものを人間のようにたとえる。
例 太陽が雲間から顔を出した。

② 倒置　言葉の本来の順番を変えて、印象を強める。
例 行ってしまったんだ、あの人は。

③ 体言止め　行の終わりを体言（名詞）で終えて、余韻をもたせる。
例 輝いていた日々。

実力チェック問題

解答・解説 別冊 P. 11

1 28%

次の詩の第三連で描かれている、アゲハ蝶《ちょう》が決められた過程を経て羽化していく様子を、比喩を用いて表している一行を、第三連以外の連から書き抜きなさい。

蝶　はばたく朝

第一連
五月のひかりが
さざなみのようにゆれる朝
からたちの葉かげの
ちいさな儀式

第二連
ほろにがい葉に生かされ
たえてしのんだ沈黙の日日
わかばをかすめる風にはじらいながら
今　アゲハ蝶は羽化する

第三連
自然のなかでかわされた
やくそくのときは満ち
さなぎの背はさだめられたようにわれる
満身に力をこめて触角をのばし
ふかくたたみこまれた羽をひきだせば
生まれることのいたみが
せなかにひとすじはしる
何の力で生まれでたか
宇宙のなぞも
この　いっぴきの蝶のなかへ
あつめられ　そして約され　また約され
ふきこめられているのだ

第四連
ぬぎすてられた　さなぎのからに
うごきだしたばかりの
黒糸のようにほそい足でとまれば
朝つゆにぬれた羽が
はばたくことのよろこびで　かすかにひかる

第五連
ゆっくり　ゆっくり　呼吸をととのえ
かろやかになびく新しい羽に
生まれでた重みのひとしずくをのせ
かがやく朝のひかりにまねかれて
アゲハ蝶は　はばたいていく

（成本和子「ねむねむのひつじ」より）

（北海道）

敬語の用法・言葉の単位
文の成分・文節相互の関係

例題 正答率 44%

次の会話は、山本さんがある会社で職場体験活動をするために、体験先の担当者と電話で連絡を取ったときの内容の一部である。――線をつけた部分ア～カの中から、敬語の使い方が正しくないものを二つ選びなさい。

山本さん　「私、F中学校二年生の山本と ア申します。職場体験活動の件でお電話しました。職場体験活動を イ担当いたします佐藤《さとう》さんはいらっしゃいますか。」

担当者　「はい、私が担当の佐藤です。」

山本さん　「本日は打ち合わせの日時を確認するために、お電話を ウ差し上げました。ご都合を エお聞きになりたいのですが。」

担当者　「わかりました。打ち合わせの日時ですが、明日かあさっての午後四時ではいかがでしょうか。」

山本さん　「それでは、明日の午後四時に オ伺います。よろしく カお願いします。」

担当者　「では、気をつけてお越しください。」

（福島県）

ミスの傾向と対策

敬語の問題は、適切に使われているかどうかを問うものが非常に多い。このパターンの問題で得点するためには、敬語の種類と、敬語表現を正しく覚えておくことが欠かせない。

解き方

イは、相手の動作に謙譲語を用いているので誤りである。またエは自分の動作に尊敬語を用いているので誤り。「だれの動作なのか」を正しく読み取り、適切な敬語が使われているかどうかを考える。

解答　イ・エ（順不同）

入試必出！ 要点まとめ

敬語の種類と用法

① 尊敬語　動作する人への敬意を表す語。「～れる（られる）」、「お～になる」などの表現や、尊敬の動詞を用いて、敬意を表す。
（尊敬の動詞の例）言う→おっしゃる、見る→ご覧になる、食べる→めしあがる、行く→いらっしゃる

② 謙譲語　動作を受ける人への敬意を表す語。「お～する」などの表現や、謙譲の動詞を用いて、敬意を表す。
（謙譲の動詞の例）言う→申す・申し上げる、見る→拝見する、食べる→いただく、行く→伺う

③ 丁寧語　聞き手に対して丁寧な気持ちを表す語。「ます」、「です」、「ございます」など。

解答・解説 別冊 P. 12

1

29%

次の文章中の――線部ア～エの中から、敬語の使い方が適切でないものを一つ選び、その記号を書きなさい。

みなさんはご自分の体力や運動能力に自信をもってアいらっしゃいますか。

先日、私の父は、十一歳になる私の弟のソフトボール投げの記録を見て、自分が十一歳のときの記録の方が良かったと言っていました。十一歳のときの父の体格より現在の弟の体格の方が良いということなのに、どうして父の記録の方が良いのか疑問に感じました。

このグラフをイご覧ください。「二十年前との基礎的運動能力の比較」をグラフにしたものです。

このグラフからウおわかりのとおり、昭和六十年と比較すると、平成十七年の十一歳の児童は、五十メートル走、ソフトボール投げにおいて、ともに記録が低下しています。また、「最近の子どもたちの中にはスキップのできない子や靴のひもを結べない子がいる。」という指摘があることはみなさんもエお聞きしているのではないでしょうか。

こうした事例から考えられることは、体を使う能力が劣ってきているということです。また、このことは、将来における生活習慣病の増加にもつながるのではないでしょうか。

グラフ「20年前との基礎的運動能力の比較」

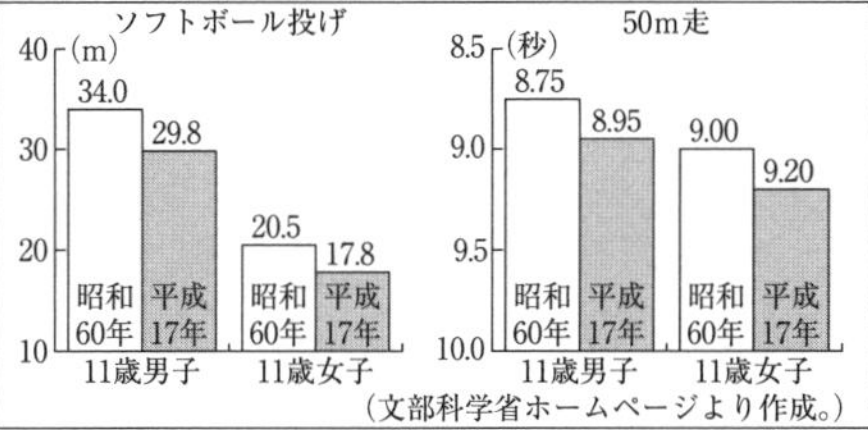

（文部科学省ホームページより作成。）

（神奈川県）

2

差がつく!! 25%

次の文中の――線部の文節同士の関係をあとから二つ選び、その記号を書きなさい。

・わたしがいようがいまいがこのクラスは変わらないじゃないか。

ア 補助　イ 並立　ウ 修飾・被修飾
エ 接続　オ 主語・述語

（長崎県）

3

39%

――線部「浮かび上がる」の主語を、本文中から一文節で抜き出して書きなさい。

空が明るくなるごとに、一面を覆う雷雲の形が、黒と群青《ぐんじょう》と紫を混ぜたような色で浮かび上がる。

（乾ルカ「願いながら、祈りながら」より）

（岐阜県）

4

差がつく!! 15%

次の文中の――線部は、いくつの単語からできているか。単語の数を書きなさい。

・私は、きのう、坂道を走っている兄の姿を見た。

（千葉県）

5

差がつく!! 11%

「多くの流星が観測された。」という文を単語に区切った場合、最も適切なものはどれか。

ア 多くの／流星が／観測された。
イ 多く／の／流星／が／観測さ／れ／た。
ウ 多くの／流星／が／観測され／た。
エ 多く／の／流星／が／観測され／た。

（栃木県）

品詞の識別

例題

正答率 23% 差がつく!!

次の文章中の四つの――(a・b・c・d)のうち、一つだけ品詞の異なるものがある。その記号を書きなさい。

春から初夏にかけての季節を、ぼくは子どものころから好きだった。春から初夏にさしかかるころの野山のあの若々しさ[a]、あのなんともいえない息づきとにぎわい[b]。それは子ども心にも心躍るものだった。しかし、このにぎわいの陰に受難もあることを、ぼくは知るようになった。

山すその道ばた[c]にはゼンマイの若葉が開きはじめている。くるりと巻いた芽がほどけて、まもなく若々しい葉が開く。うれしい[d]春の光景である。けれども目を近づけてその葉を見ると、まだ柔らかい若葉には黒っぽい虫がついていて、若葉を食べているではないか!

(日高敏隆「ネコはどうしてわがままか」より)

(千葉県)

ミスの傾向と対策

入試では、左の「要点まとめ」にあるような紛らわしい品詞が出題されやすいので、しっかりと覚えておきたい。それぞれの品詞の見分け方も覚えておこう。

解き方

a～cは名詞。名詞は活用がなく、主語になることができる。aは形容詞の「若々しい」から、bは動詞「にぎわう」から転成したもの。dは活用し、終止形が「い」で終わるので形容詞である。形容詞や形容動詞は名詞や動詞と混同しやすいものが多いので、見分け方を練習しておこう。

解答

d

入試必出! 要点まとめ

紛らわしい品詞の識別

① ⓐあまり元気がない。(副詞)
ⓑあまりの金がほしい。(名詞)
→主語になれるものは名詞。ⓐは「ない」を修飾している。

② ⓐ悲しみをこらえる。(名詞)
ⓑとても悲しい物語だった。(形容詞)
→活用させて形容詞かどうか確かめる。活用させてもⓐのように語尾が「み」にはならない。

③ ⓐそれは僕の作品だ。(名詞＋助動詞)
ⓑ姉はきれいだ。(形容動詞)
→形容動詞の連体形の活用語尾は「な」となる。ⓑは「きれいな」となるが、ⓐは「作品な」とはならない。

解答・解説 別冊 P. 12

1

27%

次の――線部「有望な人材に活躍してもらうしかない」にある付属語の数を、数字で書きなさい。

現状を打破するためには、有望な人材に活躍してもらうしかない。

（谷津矢車「廉太郎ノオト」より）

（兵庫県）

2

41%

次の――線部「桃子だけに寂しい思いをさせるのは可哀相《かわいそう》でなりません」の中から、形容詞をそのまま抜き出して書きなさい。また、この場合の活用形を書きなさい。

これから、長くて厳しい冬がやってきます。桃子だけに寂しい思いをさせるのは可哀相でなりません。

（熊谷達也「桃子」より）

（岐阜県）

3

36%

次の――線部「ある」と同じ品詞の言葉をあとから一つ選び、記号で答えなさい。

ある人が発した言葉が、今でも忘れられない。

ア かなり遠くの街まで行く。
イ 大きな絵を壁に掛ける。
ウ 新しい本が出版される。
エ きれいな星空を眺める。

（鳥取県）

4

49%

次の――線部「に」と同じ働きをしているものを、あとから一つ選び、その記号を書きなさい。

辞書はよむものではなく、何かを調べるために使うものだ。

（今野真二「『広辞苑』をよむ」より）

ア 夏なのに涼しい。
イ 風がさわやかに吹く。
ウ すでに船は出てしまった。
エ 野球の試合を見に行く。

（青森県）

5

45%

次の文章を読んで、あとの問いに答えなさい。

「もの」「こと(事)」「目」「手」「取る」「見る」「来る」というような言葉は、日本語の記録がある最も古い時代から、ずっと使われてきた言葉である。しかし、「行くだろう」「行った」という表現は、古くは「行かむ」「行きぬ」などと言った。「む」「ぬ」などは文法では助動詞といって非常に多く使われる言葉であるが、「平家物語」に出てくる助動詞は二十八種で、現在はそのうち五種しか使われていない[a]。

もう一つ、寿命の短い言葉に、副詞がある。副詞とは、「はなはだおもしろくない[b]。」とか、「ひたすら勉強する。」とかの、「はなはだ」「ひたすら」のような言葉をいう。これらもあまり長い間もたず、新しく使い出される言葉にとってかわられることが少なく[c]ない[d]。

（大野晋「日本語の年輪」より）

問い ――線部a～dのうち、同じ品詞で同じ意味(働き)をもつ組み合わせとして正しいものを、次のア～エの中から一つ選び、その記号を書きなさい。

ア aとb　イ aとd　ウ bとc　エ bとd

（埼玉県）

古典の知識

例題

正答率 (1) 40% (2) 16% 差がつく!!

(1) 次の漢文の――線部をひらがな(古典のかなづかい)で書くと「べうとして」である。これを、現代かなづかいに直して書きなさい。

故園《こゑん》眇として何《いづ》れの処《ところ》ぞ
帰思《きし》方《まさ》に悠なる哉《かな》
*淮南《わいなん》秋雨の夜
*高斎《かうさい》*雁の来《きた》るを聞く

ワシガ故郷ハハルカニ遠イ
帰リタイノハカギリモナイゾ
アキノ夜*スガラサビシイアメニ
ヤクショデ雁ノ声ヲキク

(韋応物「聞雁」より)

(注) *淮南＝中国の地名で、韋応物はその地域の地方長官を務めていた。
*高斎＝高い建物にある書斎。 *雁＝渡り鳥の一種。
*夜スガラ＝一晩中。

(奈良県)

(2) 次の古文の――線部の意味を簡潔に書きなさい。

〔碁《ご》の大好きな醍醐《だいご》天皇は、寛蓮《かんれん》法師と金の枕《まくら》を賭《か》けて勝負してはいつも負けていた。ところが、勝負に勝った寛蓮が金の枕を持って帰ろうとすると、天皇に命じられた若い殿上人《てんじょうびと》(天皇にお仕えする者)たちによって毎回取り返されてしまう。〕

しかる間、なほ天皇負けさせ給《たま》ひて(その後、またも天皇がお負けになって)、寛蓮その御枕を給はりて(いただいて)まかり出《い》でけるを(宮廷を出ようとしたのを)、前のごとく(以前のように)若き殿上人あまた追ひて、奪ひ取らむとする時に、寛蓮懐《ふところ》よりその枕を引き出でて、*后町《きさきまち》の井に投げ入れつれば(井戸に投げ入れたので)、殿上人は皆去りぬ。

(「今昔物語集《こんじゃくものがたりしゅう》」より)

(注) *后町＝宮廷内の建物の名。

(長崎県)

ミスの傾向と対策

かなづかいについては、そのルールは決して多くはないので、決まったパターンを理解しておけば充分対応できる。

古語の基本的な意味を数多く覚えておきたい。左の「要点まとめ」にあるようなものは、最低限覚えておこう。これらは入試だけではなく、高校での古典の学習にも役立つ。

解き方

(1)は、歴史的かなづかいを現代かなづかいに直す問題。歴史的かなづかいにおける「エウ」の音は、現代かなづかいでは「ヨー」という音になることを覚えておく。(2)は、古語の知識を問う問題。基本的な言葉の意味は覚えておきたい。

解答

(1) びょうとして
(2) (例)たくさん

入試必出! 要点まとめ

基本的な古語

① あはれ＝趣深い、風流だ 例 いみじうあはれにをかしけれ
② うつくし＝かわいい 例 うつくしきもの 瓜《うり》にかきたる稚児《ちご》の顔
③ ありがたし＝珍しい 例 ありがたきもの 舅《しうと》にほめらるる婿
④ あさまし＝意外だ、情けない 例 かくあさましきそらごとにて…
⑤ いみじ＝すばらしい、ひどい 例 いみじき絵師といへども…
⑥ いと＝とても 例 いとなまめいたる女はらから…
⑦ やがて＝すぐに、そのまま 例 薬も食はず、やがて起きもあがらで…
⑧ のたまふ＝おっしゃる 例 答へてのたまふやう…

実力チェック問題

解答・解説　別冊 P. 13

1

差がつく!!　10%

「調はず」の読み方を、現代かなづかいに直してすべてひらがなで書きなさい。

（福島県）

2

43%

次の文章は、「続古事談」の、福原《ふくはら》へ都を移したことについて書かれた文章の一部である。この文章を読んで、あとの問いに答えなさい。

「此《この》事、我思《わがおもひ》には似ざる儀《添ワナイコト》也《なり》。入道《にふだう》の心にかなはん《合ウダロウ》とてこそさはいひしか《ソノヨウニ言ッタノダ》。そのゆへは、ひろく＊漢家本朝をかんがふるに、よからぬ《アマリヨロシクナイ》＊新儀をこなひたるもの、はじめにおもひたつおりは、なかなか《カエッテ》人にいひあはする《相談スル》事なし。そのしわざすこしくやしむ心あるとき、人には問《とふ》也。これもかの京、ことのほかに居つきて後《コノ度モ、福原ニ都ヲ移シテ、随分タッテカラ》、両京の＊さだめをこなひしかば、はや《実ハ》、このことくやしうなりにけり《ナッタノダナ》、といふことを知《しり》にき《知ッタ》。されば、なじかはことばをおしむべき《ドウシテ言葉ヲ惜シンダリシヨウカ》」とぞいはれける《オッシャッタ》。

（注）＊漢家本朝＝中国と我が国。　＊新儀＝新規のことがら。
＊さだめ＝評定。

問い　――線部の意味として最も適当なものを、次のア〜エから一つ選び、その記号を書きなさい。

ア　行ったので　　**イ**　行いたいが
ウ　行うかどうか　　**エ**　行おうとして

（新潟県）

3

49%

次の文章を読んで、あとの問いに答えなさい。

むかし、殿上《てんじやう》のをのこども、花見むとて東山におはしたりける《いらっしゃったところ》に、俄《にはか》に心なき雨のふりて、人々、げに《実に》騒ぎたまへりけるが、実方《さねかた》の中将、いと騒がず、木のもとによりて、かく、

さくらがり雨はふり来《き》ぬおなじく《同じことなら》は濡《ぬ》るとも花の陰《かげ》にくらさむ

とよみて、かくれたまはざりければ、花より漏りくだる雨にさなが《すっかり》ら濡れて、装束《さうぞく》しぼりかね侍《はべ》り。此《この》こと、興ある事に人々思ひあはれけり。

問い　――線部「興ある」の本文中での意味として次のうち最も適しているものを一つ選び、記号を書きなさい。

ア　意外な　　**イ**　おもしろい
ウ　不思議な　　**エ**　つまらない

（大阪府）

4

差がつく!!　23%

次の文の――線部は「徒然草《つれづれぐさ》」の冒頭部分であるが、これに続く十六字の言葉を、ひらがなで書きなさい。

最後に、「つれづれなるままに、日暮らし、硯《すずり》に向かひて、」で始まる「徒然草」の中から、花に対してだけでなく、兼好の自然の美に対する考え方がよく表れた段の一部を紹介します。

（宮崎県）

動作主指摘
会話文指摘

例題

正答率 33%

本文中に、かえるが言った言葉として、「　」でくくるべきところがもう一箇所ある。その言葉を本文中からそのまま抜き出し、初めと終わりの二字ずつを書きなさい。

今はむかし、池のほとりにかへるあまた集《あつま》りていふやう、あはれ生きとし生けるものの中に、人ほどうらやましきものはなし。われら、いかなればかかる生をうけて、手足をばそなへながら、水を泳ぐを能として、陸《くが》にあがりてはつくばひ居《を》り、行く時も心のままに走り行くことかなはず、ただひよくひよくと跳ぶばかりにて早為《はやわざ》もならず。いかにもして人のごとく立ちて行くならば良かるべし。いざや観《くわん》音《おん》に願《ぐわん》をかけて、立つことを祈らんとて、観音堂《くわんおんだう》にまゐりて、「願はくはわれらをあはれみ給《たま》ひ、せめてかへるの身なりとも、人のごとくに立ちて行くやうに守らせ給へ」と祈りける。まことの心ざしをあはれとおぼしめしけん、そのまま後《うしろ》の足にて立ちあがりけり。「所願成就《しよぐわんじやうじゆ》したり」とよろこびて、「さらばつれだちて歩きてみん」とて、陸に立ちならび、後足にて立ちて行けば、目が後になりて一足《ひとあし》も向《むか》ふへ行かれず。先も見えねば危《あやふ》さ言ふばかりなし。「これにては何の用にも立たず。ただ元のごとく這《は》はせて給はれ」と祈りなほしはべり。

（浅井了意「浮世物語《うきよものがたり》」より）

（福岡県）

ミスの傾向と対策

古文を読むことに慣れていれば容易に解ける問題。単に語句で判断するのではなく、全体の意味をよく理解しないと間違えてしまうので、しっかりと読みたい。

左の「要点まとめ」にあるように現代語訳を考える際の注意事項を意識しながら、正確に読み取れるようにしたい。

解き方

一行目にある「いふやう」という言葉に注目する。これは「言うことには」という意味で、あとに続く内容を言ったことを表している。また、「～とて」とあることに注目する。これは、「～と言って」という意味を表している。全体の内容は、かえるたちは人間のように歩くことを願い、観音堂に出向いたが、いざ立ってみると前が見えないために歩くことをあきらめた、ということ。

解答

あは～らん

入試必出！ 要点まとめ

古文の読解のポイント

① あらすじをとらえる。

1 「だれが」「何が」どうするのか、どうなるのかを読み取る。主語は省略されることが多い。

2 省略されている言葉を補う。

3 会話文に注目する。だれの言葉かはっきりさせておく。

4 「いつ」「どこで」「だれが(人間関係も)」「どうした」をおさえておく。

② 作者や古人の思いをとらえる。

→作者が何に感動したのか、何を言いたいのかを読み取る。

解答・解説 別冊 P. 14

1

36%

次の文章を読んで、あとの問いに答えなさい。

〔ある大名家の中間《ちゅうげん》（召使い）が、古道具屋で買った仏像を返すように命じられ、仕方なく返しに行くが、古道具屋は受け取りを断る。〕

かの中間聞きて、「価《あたひ》（仏像の代金）を戻し候《さうら》ふやうにと申すならば、その断りももつともなり。価におよばず返し候ふ間（ので）、請《う》け取り申すべし」と言ひしゆゑ、「何ゆゑにさのたまふ」（どうしてそのようにおっしゃるのですか）と尋ねければ、かの中間、時の拍子にやよりけん（ものはずみだったのだろうか）、「この仏を調《とと》へ帰りて礼拝尊敬するに、とかく元の所へ返し候ふやう夢幻となく言ひ給《たま》ふのうるさきに返すなり」と語りければ、「さあらば（それならば）①置き給へ」とて請け取りしが、「さては作仏《さくぶつ》（名高い仏像）にてもあるべし。俗家に置きて恐れあり」とて、近所の菩提《ぼだい》所《しょ》へ納めて始終を②語りけるに、寺僧も奇異のおもひをなし、一犬吠《ほ》ゆればのたとひたがふことなく、近隣これのみの沙汰（評判）となりて、しばしは右（この）仏像への参詣《さんけい》、群集をなしけるとや。

（根岸鎮衛「耳嚢《みみぶくろ》」より）

問い ――線部①と②の主語の組み合わせとして適切なものを、次のア～エから一つ選んで、その記号を書きなさい。

ア ①中間　②中間
イ ①仏　②中間
ウ ①仏　②古道具屋
エ ①中間　②古道具屋

（兵庫県）

2

47%

次の文章には、江戸時代の大名、板倉重宗《いたくらしげむね》が、京都の警備や訴訟の処理などを行う京都所司代《きょうとしょしだい》を務めたときのことが書かれている。この文章を読んで、あとの問いに答えなさい。

周防守《すはうのかみ》（板倉重宗）は、父*伊賀守《いがのかみ》の役儀（任務）を受け継いで、二代の誉《ほまれ》（名誉）を得たり。ある時、茶屋長古と言ふ者ア伺候《しこう》しける（参上したところ）に、「我等《われら》（私）の事、悪《あ》し様《ざま》（悪く言う）に批判を聞きたらば（聞いたならば）、言ひ聞かせよ。心得《こころえ》に成るぞ（私の戒めになるのだ）。」と申されしに、長古言はく、「公事《くじ》（裁判）御判断の節《せつ》（時）、非分《ひぶん》に聞こゆる方（道理に合わないように聞こえる方）を、お叱りに成らるゆゑ（ため）、イうろたへ候《さうら》ひて（うろたえまして）、口上《こうじやう》前後いたし（話の内容が相違して）、いよいよ（ますます）非公事（道理に合わない訴え）に成り候ふと取りざた仕《つかまつ》る（世間の評判でございますと）よしウ言ひければ、周防守、手を打ちて、「よくこそ申したれ（よく言ってくれた）。なるほど役所へ出てエ決断（裁決）するに、非公事と見えたる（道理のない訴え 感じられた）者の面体《めんてい》を見れば（顔かたちを見ると）、先《ま》づ悪《あ》しく（憎く）成りて、自《おのづか》ら（自然と）の怒りを発する（生じる）ゆゑに、それに恐れて不弁の者（口べたな者）は理を言ひ解く事（道理を説明する）、能《あた》はざるべし（できなくなるのだろう）。向後《きやうこう》（今後）は心得たり。」とて、それより*茶うすをもうけて（用意して）、これを挽《ひ》きながら（回し）訴人《そにん》の面《つら》（訴え出た人の顔）を見ずに公事（訴え）を聴かれける。

（神沢杜口『翁草《おきなぐさ》』より）

（注）*伊賀守＝板倉勝重《かつしげ》。江戸時代初期の人。京都所司代を務めた。
*茶うす＝茶葉を挽いて粉末状にする道具。

問い ――線部ア～エの中から、その主語に当たるものが同じであるものを二つ選び、記号で答えなさい。

（静岡県）

古文の内容理解 ①

例題　正答率 35%

――線部「この翁《おきな》」とあるが、翁とはだれのことか。あとのア～エの中から一つ選び、その記号を書きなさい。

これも今は昔、*丹後守保昌《たんごのかみやすまさ》、国へ下りける時、*与佐《よさ》の山に、白髪の武士一騎あひたり。路の傍《かたはら》なる木の下に、うち入りて立てたりける《馬にのったまま勢いよく入ってとまったところ》を、国司の郎等《家来》ども、「この翁、など《どうして》馬よりおりざるぞ。奇怪なり《けしからん》。とがめおろすべし《責めただしておろせ》。」といふ。

ここに国司の曰《い》はく、「*一人当千の馬の立てやうなり。ただにはあらぬ人ぞ。とがむべからず。」と制してうち過ぐる程に、*三町ばかり行きて、大矢の《弓の名人の》*佐衛門尉致経《さゑもんのじょうむねつね》、数多《あまた》の兵を具してあへり。国司会釈《ゑしやく》する間、致経が曰はく、「ここに老者一人あひ奉《たてまつ》りて候《さぶら》ひつらん。致経が父、平五大夫《へいごのたいふ》に候ふ。堅固の《まったくの》田舎人にて、子細を知らず《事情もわきまえず》、無礼を現し候ひつらん。」といふ。

（「宇治拾遺物語《うじしゅういものがたり》」より）

（注）＊丹後守保昌＝現在の京都府北部にあたる丹後の国の国司であった藤原《ふじわらの》保昌《やすまさ》のこと。　＊与佐の山＝現在の京都府北部の与謝《よさ》郡にある山。　＊一人当千＝一人の力で敵千人にあたる勇者。　＊三町＝約三三〇メートル。　＊佐衛門尉致経＝宮廷の警備にあたる役職にあった平致経《たいらのむねつね》のこと。

ア 国司　**イ** 国司の郎等
ウ 致経　**エ** 致経が父

（埼玉県）

ミスの傾向と対策

古典の問題も現代文同様に読解力を問われるので、正確に読んでいきたい。上の例題のような人物関係を問う問題は多く出題される。一部分だけ読んで答えようとしてはならない。古典では敬語が多く用いられるので、敬語を正確に理解することが人物関係を読み取るカギとなる。

解き方

馬からおりなかったことを国司の郎等にとがめられた「翁」は、後半になってだれであるのかがわかる。国司が郎等を制したあと、致経が現れて、さきほどいた老人は自分の父親だと説明している。

解答　エ

入試必出！ 要点まとめ

古文の主題のとらえ方

① 随筆
→筆者が体験したことに基づいた感想や考えが述べられる。内容も、身近なことから高遠なことまでさまざまである。どのような事実について考えを抱いたかを読み取る。

② 物語
→事件の展開に沿って、登場人物たちがさまざまな感情を抱いたり独特の反応を見せる。ある出来事に対してどのように反応するかによって、その人物像が描かれ、それを通して作者の世界観や思想に触れる。

③ 説話
→故事や日常的ではない出来事が紹介され、そこから導き出される気づきや教訓が書かれている。仏教的な教えや人生の知恵に関わるものなどさまざまである。

解答・解説 別冊 P. 15

1

35%

次の文章を読んで、あとの問いに答えなさい。

ある者、座敷《ざしき》をたてて絵を描かする（座敷を作ってふすまに絵を描かせた）。白鷺《しらさぎ》の一色《いつしき》*を望む（注文した）。絵描き、「心得たり」とて焼筆《やきふで》*をあつる（焼き筆で下絵を描いた）。亭主のいはく、「いづれも良さそうなれども、此《この》白鷺の飛びあがりたる、羽づかひがかやうでは、飛ばれまい」といふ。絵描きのいはく、「いやいや此飛びやうが第一*の出来物ぢや」といふうちに、本《ほん》の白鷺が四五羽うちつれて飛ぶ。亭主これを見て、「あれ見給《たま》へ。あのやうに描きたいものぢや」といへば、絵描きこれを見て、「いやいやあの羽づかひではあつてこそ、それがしが描いたやうには、得《え》飛ぶまい」といふた。

（「浮世物語《うきよものがたり》」より）

（注）＊一色＝他のものを交えないこと。ここは白鷺だけを描いた絵、の意。
＊焼筆＝柳などの細長い木の端を焼きこがして作った筆。絵師が下絵を描くのに用いる。
＊第一の出来物＝もっとも優れたところ。

問い この話で筆者が批判しているのはどのようなことですか。最も適切なものを、次のア～エから一つ選び、記号で答えなさい。

ア 絵描きが、亭主の意見を聞き入れず、へ理屈をこねて絵の欠点を認めないこと。
イ 絵描きが、自分より上手に白鷺を描いた亭主の絵のうまさを素直に認めないこと。
ウ 亭主が、絵について注文をつけすぎて、絵描きの持つ力を発揮させてやれていないこと。
エ 亭主が、自分自身は何もしないのにもかかわらず、絵描きの批判ばかりしていること。

（鳥取県）

2

41%

次の文章を読んで、あとの問いに答えなさい。

よき筆をば、まづかさ*とるも静めてし、物書いたるあとにても、洗ひものし、紙におしあて、又はすかし見て、一筋も乱さじとして置くめり。いとど命の長かるべきことわりなり。早くそじなむ*と思ふをば、いとあらあらしくしなして、「これ見たまへ、三度四度にて、はやかくなりし。」といふもをかし。

（松平定信「花月草紙《かげつそうし》」より）

（注）＊かさ＝筆の穂先を保護するためにかぶせる筒。
＊そじなむ＝傷んでしまうだろう。

問い ——線部「をかし」は「こっけいである」という意味だが、作者は、どのようなことを「をかし」と言っているのか。最も適当なものを、ア～エから選びなさい。

ア よい筆なので長持ちするだろうと思っていたが、筆が思いのほか傷んでしまうのは、筆の扱い方が乱暴なためだとしていること。
イ よくない筆なので長持ちしないだろうと思っていたが、筆がほとんど傷まないのは、筆の扱い方が丁寧なためだとしていること。
ウ この筆を長持ちさせようと思い、丁寧に扱っているにもかかわらず、筆がすぐに傷んでしまうのは、筆がよくないせいだとしていること。
エ この筆は長持ちしないだろうと思い、乱暴に扱っておきながら、筆がすぐに傷んでしまうのは、筆がよくないせいだとしていること。

（北海道）

古文の内容理解 ②

例題

正答率 34%

――線部「遠眼鏡にて望みし」とあるが、このとき、親鶴《おやづる》はどのようなことをしていたか。現代の言葉で十字以内で書きなさい。

木下《きのした》*何某《なにがし》の領分在邑《ざいいふ》の節《領地の村里にいたとき》、領内を一目に見晴らす高楼ありて、夏日《夏に》近臣を打ち連れて右《その》楼に登り眺望ありしに、はるかの向かふに大木の松ありて、右梢《こずゑ》に鶴の巣をなして、雄雌餌《あさ》運び養育せるありさま、雛《ひな》も余程《かなり》育ちて首を並べて巣の内に並べるさま、遠眼鏡《望遠鏡》にて望みしに、ある時右松の根より余程太き黒きもの段々右木へ登るさま、うはばみ《大蛇》の類《たぐ》ひなるべし。

（根岸鎮衛「耳嚢《みみぶくろ》」より）

（広島県）

（注）＊何某＝人の名がはっきりしないか、または、それをぼかしたままにいうときに用いる語。

ミスの傾向と対策

古文の記述問題では、古文をそのまま解答に使うと難しくて意味がわかりづらくなるので、使えそうな言葉だけを拾い上げて用いるとよい。特別な古語は、固有名詞以外は現代語に言い換えて用いるようにすること。

解き方

古文中から「鶴」について述べている部分を探すと、「右梢に鶴の巣をなして」とある。さらに、「雄雌餌運び養育せる」とあることから、親鶴は、巣を作って、そこで雛を育てていることがわかる。「現代の言葉で十字以内で書きなさい」とあるので、この内容を簡潔にまとめること。

解答

（例）雛に餌をやること。（九字）

入試必出！ 要点まとめ

古文の記述問題の手順

① 解答に用いる語句を拾い上げる。現代語と意味が異なる言葉は現代語に直す。
② ①の語句を用いて、解答の下書きをする。
③ 字数に合うように調整する。

例 上の文章で、遠眼鏡で見た巣の中の様子を二十五字以内でまとめなさい。

① 「雛」、「余程育ちて＝（かなり育っていて）」、「首を並べて」、「巣の内に＝（巣の中に）」、「並べるさま＝（並んでいる様子）」
② 下書き「雛がかなり育っていて、首を並べて巣の中に並んでいる様子。（二十八字）」
③ 字数を調整「かなり育った雛が巣の中で首を並べている様子。（二十二字）」

実力チェック問題

解答・解説 別冊 P. 16

1

33%

次の文章を読んで、あとの問いに答えなさい。

ある*在家人《ざいけにん》、山寺の僧を信じて、*世間《せけん》・出世《しゅっせ》深く憑《たの》みて（深く頼りにして）、病《や》む事（病気になると）もあれば薬までも問ひけり（質問した）。この僧、医骨《いこつ》も無かりければ（医学の心得も無かったので）、万《よろづ》の病《やまひ》に、「*藤《ふぢ》のこぶを煎《せん》じて召《め》せ（煮出して飲みなさい）。」とぞ教へける。これを信じて用ゐる（服用すると）に、万の病癒《い》へざる無し（治らないということはない）。

ある時、馬を失ひて、「いかが仕《つかまつ》るべき（どうしたらよいでしょう）。」といへば、例の「藤のこぶを煎じて召せ。」といふ。心得《こころえ》がたけれども（納得がいかないが）、やうぞあるらん（理由があるのだろう）と信じて、あまりに取り尽くして近々《ちかぢか》には無かりければ、山の麓《ふもと》を尋ねける程に（探し回った時に）、谷のほとりにて、失《う》せたる馬を見付けてけり。これも信の致《いた》す所なり（結果である）。

（「沙石集《しゃせきしゅう》」より）

（注）＊在家人＝出家せずに仏を信仰している人。
＊世間・出世＝世の中のことと仏道のこと。
＊藤のこぶ＝フジの樹皮が盛り上がった部分。

問い　――線部「失せたる馬を見付けてけり」とあるが、それができた理由を作者はどのように考えているか。二十字以内で説明しなさい。

（福島県）

2

差がつく!!　11%

次の文章において、虫は二つの点で勘違いをしていたと考えられる。二つの勘違いを、それぞれ現代の言葉で書きなさい。

鷹《たか》の羽にすむ虫ありけり。空たかくとびかけるときは、はるかに人の住家《すみか》などをも見くだしつ。*げにわれは*事たれる身かな。つばさもうごかさで、千里の遠きに行きかよひ、*雲ゐのよそまでもあがるめり。*ことに、さまざまの鳥はみなおそれてにげはしる。げにもわれにかつものは大かたあらじなど思ひつつ、かの鷹の毛のうちに居つつ、しきりに*肉《しし》むらをさし、血をすひて居しが、そのやからいとおほくなりもてゆきしにや、つひにその鷹もたふれにけり。それよりみづから出《い》でてとびかけらんと思へども、とび得ず。はしらんと思へども、すみやかならず。血もつき肉むらもかれぬれば、いまはいのちつなぐやうもなし。からうじてまづその毛のうちをくぐり出でてはひゆけば、すずめの子の居たりけり。われをおそれなんと見れば、すずめの子はしらぬさまなり。いかにして見つけざるかとかたはらへはひよれば、うれしげに見て、くちばしさしいだして、ついばまんとす。例なきことなれば、おそろしくてにげ隠れぬと、かの友どちにかたりにけり。

（松平定信「花月草紙《かげつそうし》」より）

（注）＊げに＝本当に。
＊事たれる身＝何の不足もない身。
＊雲ゐのよそ＝雲のかかっているかなた。
＊ことに＝そのうえ。
＊肉むら＝肉。

（広島県）

古文の内容理解 ③

例題

正答率 24%　差がつく!!

次の文章を読んで、あとの問いに答えなさい。

孔子《こうし》の、弟子どもを具して、道をおはしけるに、垣*より、馬、頭《かしら》をさしいでてありけるを見て、「牛よ」とのたまひければ、弟子どもあやしと思ひて、あるやうあらむ(何か理由があるのだろう)と思ひて、道すがら、心を見む(孔子の考えを知ろう)と思ひけるに、顔回《がんかひ》といひける第一の弟子の、一里を行きて、心得たりけるやう、「日よみ*の午《うま》*といへる文字の、頭さしいだして書きたるをば、牛といふ文字になれば、人の心を見むとて、のたまふなりけり」と思ひて、問ひ申しければ、「しか、さなり(そう、そのとおり)」とぞこたへたまひける。

(源俊頼「俊頼髄脳《としよりずいのう》」より)

(注) *垣＝垣根。　*日よみ＝暦、または十二支。
*午＝十二支(ね・うし・とら……など)の一つ。

問い　文章中に「心得たりける」とあるが、顔回は孔子がどのように考えたと理解したのか。それを説明した次の文の□に入る適当な言葉を、三十字以内で書きなさい。

・馬が垣根から頭を出していたことと、□ことを結びつけた。

(千葉県)

ミスの傾向と対策

抽象的な内容は読み取りづらく、ミスが起こりやすい。まれに「主語が人物でない文章」が出題されるが、その場合は特に難度が高いので注意が必要。記述問題では、まず主語を確定させることが大切なので、しっかり読み取りたい。

解き方

孔子は馬が垣根から頭を出しているのを見て「牛よ」と言った。そのように言った理由をまとめる。「馬」を表す「午」という文字は、頭(四画目の縦棒)を出すと「牛」という字になる。そのことを孔子の弟子の顔回が察したといっている。

解答

(例)午という文字の縦画(四画目)が上に突き出ていると牛という文字になる(二十八字(二十九字))

入試必出！ 要点まとめ

古文の記述問題の注意点

① 「主語はだれか・何か」を読み取る。古文は主語が省略されていることが多いので、ミスが起こりやすい。主語を間違えると、そのあとの内容も大きく間違えてしまう可能性があるので、要注意である。

② 「現代語にもあるが、現代語とは意味の異なる古語」に注意すること。たとえば「あはれ」という言葉は、現代語では「かわいそうだ」という意味で用いられるが、古文では「趣深い」という意味である。このような古語は、入試問題でもよく問われるので、意味を確実に覚えておくことが大切である。

解答・解説 別冊 P. 17

1

次の文章を読んで、あとの問いに答えなさい。

　京の都に、猫の綱を解きて放つべき御沙汰《さた》あり。ねずみども、いろいろ評定＊したりけり。「はや①都の御触れ、五十日になるといへども、あぶらあげ、やきとりのかざ＊をだにもかがず。猫どのにまゐりあはねば、自然に干死＊にまかりなるなり。」「このほど聞き及びしは、＊近江国《あふみのくに》御検地ありしかば、百姓稲を刈らぬよし、確かに聞き届くるなり。まづまづ冬中はまかりこし、稲の下に妻子どもをかがませ、年を越え暖かにならば、蕨《わらび》などを掘り食ひ、一旦《いつたん》、身命をつながむと存じさうらふ。」「何より心の残りさうらふは、やがて正月に、もち、せんべい、あられなど、かぶり食ひて遊ばむと思ひしに、猫どのに追つ立てられ、のき退くこそ②無念なれ。」「さりながら猫どのも、犬といふ強者に追ひ回され、辻《つじ》、川端に倒れ伏したるを見れば、報いはあり。」と勇みつつ、方々へのき退く。その中のねずみ、歌を詠《よ》みけり。

　ねずみ取る猫のうしろに犬のゐて狙《ねら》ふものこそ狙はれにけれ

（「御伽草子《おとぎぞうし》」より）

（注）＊評定＝集まって相談すること。　＊かざ＝におい。　＊干死に＝飢えて死ぬこと。　＊近江国＝今の滋賀《しが》県のこと。

(1) 26%

(1) ——線①「都の御触れ」とあるが、具体的には、都にどのような内容のお触れが出たのか。「というお触れ。」に続くように十五字以内の現代語で書きなさい。

(2) 44%

(2) ——線②「無念なれ。」とあるが、ここでは、どのようなことが残念だと言っているのか。「こと。」に続くように三十五字以上四十五字以内の現代語で書きなさい。

（愛媛県）

2

次の文章を読んで、あとの問いに答えなさい。

　ある国の王、隣国をうたむとす。老臣、これをいさめ申していはく、「庭園の楡《にれ》の木の上に、蟬《せみ》、露を飲まむとす。うしろに＊蟷螂《たうらう》のとらへむとするを知らず。蟷螂、また蟬をのみまもり＊て、うしろに＊黄雀《くわうじやく》のとらへむとするを知らず。黄雀また蟷螂をのみまもりて、楡のもとに弓を引いて、童子のとらへむとするを知らず。童子、また黄雀をのみまもりて、前に深き谷、うしろに掘り株のあることを知らずして、身をあやまてり。これみな、前の利をのみ思ひて、うしろの害をかへりみざるゆゑなり。」と申せり。王、この時、悟りを開きて、隣国を攻むといふこと、とどまりたまひぬ。

（「十訓抄《じっきんしょう》」より）

（注）＊蟷螂＝かまきり。　＊まもりて＝見つめて。　＊黄雀＝すずめ。

27%

問い　——線部「王、この時、悟りを開きて」とあるが、王は、このとき、老臣の言葉を聞いて心を動かされ、考えを改めた。王は、老臣からどのようなことを聞いて心を動かされたのか。老臣の言葉の中心となる内容をまとめて、「……ということ。」に続くように二十五字以上三十五字以内の現代語で書きなさい。

（愛媛県）

古文の内容理解 ④

例題　正答率 → (1) 36% (2) 49%

次の文章を読んで、あとの問いに答えなさい。

今はむかし、正月七日の朝《あした》七草をたたく。*寅《とら》の一点より拍子《ひやうし》をとりて、かしましく打ちたたく。その後は*増水《ぞうすい》にして喰《く》ふほどに、①あまり好いた物ではないと思ひつつ、*浮世房*かく詠《よ》みて、*小姓衆にかたりけり。

七草を勢《いきほ》ひげにはたたけども②餅《もち》つく音にはるか劣れり

（浅井了意「浮世物語《うきよものがたり》」より）

（注）＊寅の一点＝午前四時半。　＊増水＝七草がゆ。　＊かく＝このように。
＊浮世房＝この物語の主人公の僧。
＊小姓衆＝寺で住職に仕える少年たち。

(1) 文章中に――線部①「思ひつつ」とあるが、これはだれがどのように思ったことか。「□と思ったこと。」の空欄にあてはまるように、二十字以内で答えなさい。

(2) 文章中に――線部②「餅つく音にはるか劣れり」とあるが、この表現にはどんな思いが込められているか。最も適切なものを、次のア～エから一つ選び、記号で答えなさい。

ア　七草がゆに対する人々の不誠実な振る舞いを批判している。
イ　音の優劣にかこつけて個人的な食べ物の好みを表している。
ウ　餅をつく音と七草をたたく音の純粋な違いを楽しんでいる。
エ　新年に実施される恒例行事の味わいの深さに感じ入っている。

（宮城県）

ミスの傾向と対策

「文章全体で、作者はどういうことを言おうとしているのか」を読み取れていないと、ミスにつながる。例題程度の難度の古文の問題を数多く解き、作者の言いたいことを読み取る練習をしておきたい。

解き方

(1)は――線部①の直後に初めて「浮世房」という人物名が出てくるので読み取りづらい。思ったことは「あまり好いた物ではない」という部分。「七草がゆ」はあまり好きではないと思ったということ。(2)は、「餅」と比べると「七草がゆ」は、たたく音からして劣っていると言っている。

解答

(1) (例)浮世房が七草がゆはあまり好きではない(十八字)　(2) イ

入試必出！ 要点まとめ

古文で主語を読み取るときのポイント

古文では、主語が省略されていることが多い。しかし、古文を正しく読み取るには、省略されている主語を補い、「だれがどうしたのか」を一つ一つおさえていくことが大切である。次に挙げたポイントに気を付けながら、主語を読み取っていくとよい。

① 登場人物はわかりやすくする。
→四角や丸で囲むなどし、「だれが登場人物か」を一目でわかるようにしておくとよい。

② 「て」に着目する。
→「～て、～て」とつながる文は、主語が同じであることが多い。現代語でも、「ごはんを食べ㋐、学校へ行っ㋐～」などと使われるとき、「食べて」と「行って」の主語は同じである。

解答・解説 別冊 P. 18

1

次の文章を読んで、あとの問いに答えなさい。

名人の新九郎《しんくろう》、権九郎《ごんくろう》といひしころ、*鼓《つづみ》を日ごと*出精《しゅっせい》しけれども、いまだ心に落ちざる折から、年久しく召しつかひし老女、朝々茶持ち来たりて権九郎へ給仕しけるが、ある時、甚だ鼓*上達しける由《よし》語りければ、をかしき事に思ひて、わが職分の上達を知る訳をたづね笑ひければ、老女答へて、「親の新九郎の鼓数年聞きけるに、朝々煎《せん》じける*茶釜《ちゃがま》へ音響き聞こえはべる。この折まで権九郎の鼓その事なく、この四五日は鼓の音茶釜へ響きけるゆゑ、さてこそ上達を知りはべる。」と答へけるとなり。□聞きし耳なれば、自然と微妙に善悪も分かるものと、権九郎も感じけるとなり。

（根岸鎮衛「耳嚢《みみぶくろ》」より）

（注）＊鼓＝打楽器の一つ。手で打って音を出す。　＊出精＝精を出して励むこと。
＊上達しける由＝ここでは、「上達したということ」の意。
＊茶釜＝茶の湯または茶を煮出すのに使う釜。

差がつく!! (1) 25%

(2) 29%

(1) 文章中の□に入る言葉として最も適当なものを、文章中から抜き出して、四字（読点は含まない。）で書きなさい。

(2) どのようなことをきっかけとして、老女は権九郎の鼓が上達したと思ったのか。二十五字以内（句読点も字数に数える。）で説明しなさい。

（千葉県）

2

次の文章を読んで、あとの問いに答えなさい。

*博雅三位《はくがのさんみ》、月の明かりける夜、*直衣《なほし》にて、朱雀門《すざくもん》の前に遊びて、*よもすがら、笛を吹かれけるに、同じさまに、直衣着たる男の、笛吹きければ、「たれならむ」と思ふほどに、その笛の音、この世に*たぐひなくめでたく聞《きこ》えければ、あやしくて、近寄りて見ければ、いまだ見ぬ人なりけり。われもものをもいはず、かれもいふことなし。かくのごとく、月の夜ごとに、行きあひて、吹くこと、夜ごろになりぬ。

かの人の笛の音、ことにめでたかりければ、こころみに、かれを取りかへて吹きければ、世になきほどの笛なり。そののち、*なほなほ月ごろになれば、行きあひて吹きけれど、「もとの笛を返し取らむ」ともいはざりければ、*ながくかへてやみにけり。三位*失《う》せてのち、帝《みかど》、この笛を召して、時の笛吹《ふえふき》どもに吹かせらるれど、その音を吹きあらはす人なかりけり。

（「十訓抄《じっきんしょう》」より）

（注）＊博雅三位＝平安中期の貴族で音楽の名人。
＊直衣＝貴族の普段着。　＊よもすがら＝一晩中。
＊たぐひなくめでたく＝例がないほど素晴らしく。
＊なほなほ＝引き続き。
＊ながくかへて＝長い間、取り替えたままで。
＊失せて＝亡《な》くなって。

43%

問い 次のア～エを、この文章で起きた順に並べかえなさい。

ア 博雅三位には、男の笛の音が他に比べるものがないほど素晴らしく聞こえた。

イ 博雅三位と同じような素晴らしい音を出すことができる笛吹はいなかった。

ウ 博雅三位が、試しに男の笛を吹いてみたところ、素晴らしい笛だとわかった。

エ 博雅三位は、男から笛を返すように言われなかったので、その笛を長い間持っていた。

（北海道）

古文の内容理解 ⑤

例題

正答率 43%

次の文章を読んで、あとの問いに答えなさい。

「もののあはれは秋こそまされ」と、人ごとに言ふめれど、それもさるものにて、今ひときは心も浮きたつものは、春のけしきにこそあめれ。鳥の声などもことの外《ほか》に春めきて、のどやかなる日影に、墻根《かきね》の草萌《も》えいづるころより、やや春深く霞《かす》みわたりて、花もやうやうけしきだつほどこそあれ、折しも雨風うちつづきて、心あわただしく散り過ぎぬ。青葉になり行くまで、よろづにただ心をのみぞ悩ます。

（「しみじみとした情緒は秋が最も優れている。」と、だれでも言うようだが、それももっともなことだが、今いっそう心を浮きたたせるのは、春の様子であるようだ。鳥の声などもめっきり春らしくなって、のどかな日ざしに、垣根の草が芽吹くころから、だんだんと春が深まり、一面に霞がかかって、桜の花もしだいに咲き出しそうになったそのときに、おりあしく雨風が続いて、気ぜわしく散ってしまう。青葉になっていくまで、万事にわたって人の気をもませるものである。）

（兼好法師「徒然草《つれづれぐさ》」より）

問い　この文で述べられている内容を表した文として、最も適当なものを、次のア～エから一つ選び、記号で答えなさい。

ア　よろづのことは、月見るにこそ、なぐさむものなれ。
イ　をりふしの移り変はるこそ、ものごとにあはれなれ。
ウ　おごれる人も久しからず、ただ春の夜の夢のごとし。
エ　しばし旅だちたるこそ、目覚むるここちすれ。

（宮崎県）

解き方

垣根の草が芽吹くころから始まって、青葉になっていくまでの春の情景が順に描かれている。そのように刻々と変わっていく春の情景にその都度心を奪われている心情にふさわしいものを選ぶ。イは、季節の変化に寄せる気持ちを述べているので、相通じる心情が感じられる。

解答

イ

ミスの傾向と対策

古文の難度がやや高く、現代語訳がなければ問題が解けないだろうと問題作成者が考えた場合、現代語訳が示されることが多い。そのような古文は、難しいと考えておいた方がよい。現代語訳と古文を付き合わせることを面倒がって、どちらかの文の読み取りをおろそかにすると、ミスが発生しやすい。与えられている文はしっかり読むことが大切である。

入試必出！ 要点まとめ

現代語訳付き古文のポイント

「ミスの傾向と対策」にあるように、現代語訳が示されているときは、難度が高いと考える方がよい。しかし、現代語訳だけ読んでいれば問題を解けるかというと、入試問題はそれほど簡単ではない。古文も現代語訳もしっかり読んで、「古文のどの部分と、現代語訳のどの部分が対応しているか」を考えることが、現代語訳付き古文においては重要である。また、「実力チェック問題」のように、「これまでのあらすじ」が現代文で示され、古文が始まるという文章も多い。このパターンも、やはり「これまでのあらすじ」がないと古文が理解できないと問題作成者が考えている可能性が高いので、どちらの文も丁寧に読むこと。

1

次のAの文章は、「今昔物語集《こんじゃくものがたりしゅう》」「敦忠中納言《あつただちゅうなごん》、南殿《なんでん》の桜を和歌に読む語《こと》」の前半の古文のあらすじを現代語でまとめたものであり、Bの文章は、Aに続く部分の古文である。この二つの文章を読んで、あとの問いに答えなさい。

A

今は昔、*小野宮太政大臣《おののみやだいじょうだいじん》が*内裏《だいり》においでになったおり、*南殿の前庭の桜が枝を伸ばして、庭を覆うように美しく咲いていた。桜の花びらが庭一面に散りつもり、風が吹くと、まるで水面に立つ波のように見えた。太政大臣は、「すばらしい眺めだなあ。毎年美しく咲くが、これほどの年はなかった。*土御門《つちみかど》中納言がおいでになるとよいのだが。和歌の名人である中納言に、この眺めをお見せしたいものだ。」とおっしゃると、ちょうどその時、中納言がやってきた。中納言が南殿に着いたとお聞きになると、太政大臣は、①「これはまことにおもしろいことになってきた。」とお喜びになり、中納言が座に着くやいなや、「桜の花が庭に散っている様子を、どのように御覧になりますか。」とおっしゃった。中納言が、「まことにすばらしい眺めです。」と申し上げると、太政大臣は、「それにしては和歌が遅いですな。」と、この情景を和歌によむことを催促なさるのだった。

(注)＊小野宮太政大臣＝藤原実頼《さねより》のこと。
＊内裏＝天皇の住居としての御殿。
＊南殿＝平安京内裏の正殿。
＊土御門中納言＝藤原敦忠のこと。

B

中納言心に思ひたまひけるやう《コトハ》、「この大臣は《小野宮太政大臣ハ》、ただ今の和歌に極めたる人におはします《イラッシャル》。それにはかばかしくもなからむことを《タイシタコトモナイヨウナ和歌》面《おも》なく打《うち》出《い》でたらむは《図々シクヨムノハ》、有らむよりは《ヨマズニイルヨリ》いみじくつたなかるべし《キマリガ悪イダロウ》。さりとてやんごとなき《高貴ナ》人の、②かく責めたまふことを、すさまじくて《ヨマナイデ》止《や》まむも《イルノモ》、便なかるべし《ヨクナイダロウ》」と思ひて、袖をかきつくろひて《身ナリヲ整エテ》、かくなむ《コノヨウニ》申し上げける、

　*とのもりのとものみやつこ心あらば《アルナラバ》
　　この春ばかり*あさぎよめすな《スルナ》　と。

(注)＊とのもりのとものみやつこ＝主殿寮《とのもりょう》に所属して、庭の清掃や灯火の管理などを担当した下役人。
＊あさぎよめ＝朝の清掃。

(1) 43%

(2) 26%

(1) ——部①について、太政大臣が「これはまことにおもしろいことになってきた。」と喜んだのはなぜか。その理由を五十五字以内で書きなさい。

(2) ——部②の「かく責めたまふこと」とは、具体的にはどういうことか。Aの文章中のことばを使って、三十字以内で書きなさい。

(新潟県)

融合文 ①

例題

差がつく!! 正答率 12%

次の「十訓抄《じっきんしょう》」と「論語」の二つの文章を踏まえると、「良い友人」とはどのような人か。四十五字以内で書きなさい。

ある人のいはく、「人は良き友にあはむ(出会う)ことをこひねが(心から望む)ふべきなり。」

麻の中の蓬《よもぎ》はためざるに(力を加えなくても)、おのづから直《なほ》しといふたとへ(自然とまっすぐである)あり。蓬は枝さし(枝ぶりが)、直からぬ(まっすぐでない)草なれども、麻に生《お》ひまじりたれば、ゆがみてゆくべき道のなきままに(曲がって伸びていく場所がないので)、心ならず(知らず知らず)、うるはしく生ひのぼるなり(正しくきちんと伸び育っていくのである)。心の悪《あ》しき人なれども、うるはしくうちある人の中に交はりぬれば、さすがにかれこれを(やはりあれこれを)はばかるほどに(気づかっているうちに)、おのづから直しくなるなり。

（「十訓抄」より）

孔子曰《いわ》く、「益《えき》する(ためになる)者の三友あり。直《ちょく》なる(正直な者を)を友とし、諒《まこと》なる(誠実な者を)を友とし、多聞《たぶん》なる(物知りな者を)を友とするは、益するなり。」

（「論語」より）

（福島県）

ミスの傾向と対策

古文と漢文の融合文は、古文と漢文の両方を読み比べて、その共通点を探らなければならない。それぞれの話題をつかんだ上で読み進めることが重要である。この文章であれば、「良い友人」という共通点が問題で示されていることが、大きな手がかりとなる。

解き方

「十訓抄」は、周りがきちんとしている中にいると自然ときちんと育っていくという内容。「論語」は「直なる」「諒なる」「多聞なる」の三者がためになると述べている。「論語」のような友人と出会い、「十訓抄」のように交わっているのが理想的だということである。

解答

(例)正直さ、誠実さ、知識の豊かさといった長所があり、自然と自分によい影響を与えてくれる人。(四十三字)

入試必出！ 要点まとめ

古文・漢文の融合問題のポイント①

古文と漢文の二つの文章が示される出題パターンでは、「共通点を考える」ことがポイントとなる。素材文には、上の例題の「良い友人」や、「実力チェック問題」の「花」といった、共通のテーマを持った文章が示される。また問題も、上の例題のように、「二つの文章の共通点」を問うものが頻出である。

問題を解くときは、「共通のテーマ」について、古文・漢文それぞれで、作者はどのような考え方をしているのかを読み取ることが特に重要となる。

実力チェック問題

解答・解説 別冊 P. 20

1

大野さんのクラスでは、国語の授業で、自分で決めたテーマをもとに好きな詩や文などを集め、紹介文とともに文集としてまとめることになった。次は、大野さんが集めた詩や文と、その紹介文である。

■ 集めた詩や文

A　ひとはいさ心もしらずふるさとは花ぞむかしの香ににほひける
（「古今和歌集《こきんわかしゅう》」紀貫之）

B　久方《ひさかた》のひかりのどけき春の日にしづ心なく花のちるらむ
（「古今和歌集」紀友則）

C　遠上寒山石径斜　遠く寒山《かんざん》に上れば石径《せっけい》斜めなり
白雲生処有人家　白雲生ずる処《ところ》人家有り
停車坐愛楓林晩　車を停《とど》めて坐《そぞ》ろに愛す楓林《ふうりん》の晩《くれ》
霜葉紅於二月花　霜葉《そうよう》は二月の花よりも紅なり
（「山行」杜牧）

D　花はさかりに、月はくまなきをのみ見るものかは。雨にむかひて月を恋ひ、たれこめて春の行方知らぬも、なほあはれに情《なさけ》ふかし。咲きぬべきほどの梢《こずえ》、散りしをれたる庭などこそ見どころ多けれ。
（「徒然草《つれづれぐさ》」兼好法師）

■ 紹介文

私は、「花」というテーマで、詩や文を集めました。

まず、「古今和歌集」から二つの和歌を紹介します。Aの歌は、皆さんもよく知っていますね。ここで詠《よ》まれている花は、梅の花です。梅の花は、その香りとともに、詠まれることが多いようです。変わりやすい人の心と、昔と変わらずに咲く梅の花とが、対比的に描かれています。

それに対して、Bの歌に詠まれている花は、桜の花です。「しづ心」は、「静心」と書きます。桜を人に見立て、こんなうららかな春の日に、桜はどうして「落ち着いた心」もなく、花びらを散らすのだろう、と作者は嘆くのです。

次に、Cの漢詩の中に詠まれている花を紹介します。寒々とした石ころ混じりの山を登って行くと、意外にも人家があり、目に飛び込んできたのは、霜を受けて色づき、夕日に照らされた楓《かえで》の紅葉です。それと比べられている「二月の花」は、何の花だと思いますか。実は、桃や李《すもも》の花だそうです。桃や李の赤い花より、もっと鮮やかな紅の色が、目に浮かんできませんか。

最後に、「つれづれなるままに、日暮らし、硯《すずり》に向かひて、」で始まる「徒然草」の中から、花に対してだけでなく、兼好の自然の美に対する考え方がよく表れた段の一部Dを紹介します。

兼好はまず、一般的に満開の桜や、曇りのない月こそが美しいと言われるけれど、本当にそうだろうかと、私たちに疑問を投げかけます。さらに続けて、雨が降って月の見えない夜に、月を見たいものだと願うのも、部屋にいながら、桜が散る様子を想像するのも、今にも咲きそうな桜の梢や、散ってしまった後の庭を眺めるのも良いものだよと、語りかけるのです。

これをBの歌と読み比べてみると、桜について、対照的な思いや考えが述べられています。

41%

問い　文章中に――線「これをBの歌と読み比べてみると、桜について、対照的な思いや考えが述べられています。」とあるが、対照的であるのは、どのような点か。違いがわかるように、五十字以内で説明しなさい。B・Dなどの記号を使ってもよい。

（宮崎県）

融合文 ②

古典

例題

正答率　① 21%　② 23%　差がつく!!

古文Aの――線部①と、漢文Bの――線部②について、作物が枯れてしまったのは、登場人物がどのようなことをしたからか。それぞれ十五字以内で書きなさい。

A　ものを引きのばいて《引き延ばして》、時失ふ者ありけり。人の早苗《稲の苗》植うるころ、種ほどこしてけり《まいた》。葉月《陰暦八月》のころ、わせの穂の出《い》でたるに、嵐吹きてければ、花散りぬと嘆くを、「あまりにもの急ぎしたまへばこそあれ《物事を急いでなさったからでしょう》。我が稲は、このごろ植ゑにしかば《植えたので》、嵐のわざはひにもあひはべらず《あいませんでした》。」と人にたかぶりけり《自慢した》。人の刈り収むるころ、少しばかり穂の見えたるが、はや霜のおきてければ《降りたので》、①皆枯れぬ。今年はいと早う霜のおきしなりとて、年をのみ罪して《その年の天候のせいだけにして》、いまだ悟らざりしとなり。

（「花月草紙《かげつそうし》」より）

B　*宋《そう》人《ひとニ》有《リ》下閔《うれへテ》二其《そノ》苗之《の》不《ルヲ》レ長《ぜ》而*揠《ぬク》レ之《これヲ》者上。*芒《ぼう》芒《ぼう》然《ぜんトシテ》帰《リ》、謂《いヒテ》二*其《ノ》人《ニ》一曰《いハク》、「今日*病《つかル》矣。予《われ》助《ケテ》レ苗《ヲ》長《ゼシムト》矣。」*其《ノ》子趨《はしリテ》而往《ゆキテ》視《みレバ》レ之《ヲ》、②苗則《すなわチ》*槁《かレタリ》矣。

（「孟子《もうし》」より）

【書き下し文】　宋人に其の苗の長ぜざるを閔へて之を揠く者有り。芒芒然として帰り、其の人に謂ひて曰はく、「今日病る。予苗を助けて長ぜしむ。」と。其の子趨りて往きて之を視れば、苗則ち槁れたり。

（注）*宋人＝宋の国の人。　*閔＝心配する。　*揠＝引っぱって伸ばす。
*芒芒然＝疲れてぼんやりするさま。　*其人＝その家の人。
*病＝疲れる。　*其子＝宋人の子。　*槁＝枯れる。

（宮崎県）

ミスの傾向と対策

古文と漢文、それぞれ内容を正確にとらえて答える問題である。現代語訳がないと、古文や漢文を読むのがおっくうになりがちだが、古文や漢文の読解には、さまざまなヒントがある。行間に添えられた古語の意味や、語注、他の設問の解答、解説文などである。それらを参考にして、だいたいの意味を把握することが大切である。そこから、問われている内容を導こう。

解き方

古文Aでは、「ものを引きのばいて、時失ふ者ありけり」とあり、他の人が稲の苗を植えるころに、ようやく稲の種をまいている人のことが書かれている。漢文Bでは、「宋人に其の苗の長ぜざるを閔へて之を揠く者有り」とあり、苗が生長するのを助けるために、苗を引っぱって伸ばした人のことが書かれている。

解答

①（例）苗を植える時期を遅らせたから。（十五字）
②（例）苗を引っぱって伸ばしたから。（十四字）

入試必出！ 要点まとめ

古文・漢文の融合問題のポイント②

古文・漢文の融合問題では、共通点を問う問題に加え、内容の違いを問う問題も出題される。上の例題は「登場人物が作物を枯らした」という共通点があるが、枯らした理由は異なる。どちらの文章もよく読み、共通点や相違点を見つけよう。

この問題のように、融合文は、二つの文章のどちらも読み解くことができることを求められる。苦手な分野は、苦手なままにしておかず、早めに克服しておこう。古文と漢文のほかにも、現代文と古文、現代文と韻文などの形でも出題される。

解答・解説 別冊 P.21

1

次のAの文章は、『弁内侍日記《べんのないしにっき》』の一部であり、蹴鞠《けまり》の会について記したものである。また、Bの文章は、Aの文章について述べたものである。この二つの文章を読んで、あとの問いに答えなさい。

A

日、暮れかかる程、ことに面白く侍《はべ》りしかば、弁内侍、

〈Ⅰ〉花の《桜ノ》上にしばしとまりと見ゆれども
　　木伝《こづた》ふ枝に散る桜かな

少将《せうしやうの》内侍、

〈Ⅱ〉思ひあまり心にかかる《蹴鞠モモウ終ワリカト惜シマレル》夕暮《ゆふぐれ》の
　　花の名残《なごり》も《桜ニ名残アリ、》ありとこそ聞け《アリト聞コエルヨ》

数も上がりて、《落トサズニ続イテ》梢《こずゑ》のあなた《向コウ》へまはる程、《鞠ガ飛ンダノヲ》左衛門督《さゑもんのかみ》の足も早く見え侍りしを、兵衛督《ひやうゑのかみ》殿、「鞠はいしいものかな、《立派ナモノデスネ》あれ程①左衛門督を走らすることよ」とありしを、大納言《だいなごん》、「我も、さ見つるを、《ソウ思ッテイタガ》いみじくも《マコトニスバラシク》名句を聞《きこ》えさするものかな。《言ウモノダナア》*傅《めのと》にてあるに、《アナタハ傅デアルノデ》この返事あらばや」と侍りしかば、弁内侍、

〈Ⅲ〉散る花をあまりや風の吹きつらむ
　　②春の心はのどかなれども

(注) *傅＝付き添い、世話をする者のこと。ここでは左衛門督に好意を寄せている弁内侍を、大納言がこのように言った。

B　春のある日、貴族達《たち》が集まり、桜の木の近くで蹴鞠の会が催されました。蹴鞠とは貴族の遊びの一種です。鹿の革などで作った鞠を数人で蹴って、地面に落とさないように受け渡します。また、木の上の方に高く蹴り上げられて、そこから枝を伝って落ちてくる鞠を地面に落とさないように再び蹴り上げることもあります。鞠を蹴るときには、「あり、あり」とかけ声をかけます。

　Aの文章は弁内侍、少将内侍、兵衛督という三人の女性と大納言が、左衛門督たちの蹴鞠をしている様子を、見物している場面です。

　〈Ⅰ〉～〈Ⅲ〉の三つの和歌には、一つの言葉にもう一つの意味が掛けられています。例えば、〈Ⅲ〉の和歌において「あまり」という語は「余り」という意味ですが、「まり」という語が含まれており、「鞠」という意味も掛けられています。したがって、「あまりや風の吹きつらむ」は「余りに風が吹き、鞠が飛んだのだろう」ということを表現しています。

　また、「春の心はのどかなれども」では、「春はのどかであるのに」と季節のことを表現するとともに、蹴鞠をしている人物のふだんの人柄についても表現しています。

(1) 33%
□□□

(2) 29%
□□□

(1) ——線部①「左衛門督を走らする」とは、具体的にはどういうことか。三十字以内で書きなさい。

(2) ——線部②「春の心はのどかなれども」について、これは誰のどのようなふだんの人柄を表現しているか。AとBの文章を踏まえて、十五字以内で書きなさい。

(新潟県)

融合文 ③

例題　正答率 → 40%

次の I と II の文章を読んで、あとの問いに答えなさい。

I

『宇治拾遺物語《うじしゅうい》』[*]には、農村出身の稚児《ちご》[*]が桜の花の盛りのころ風が烈《はげ》しく吹くのを見てさめざめと泣くという話がある。

（西村亨「王朝びとの四季」より）

（注）＊宇治拾遺物語＝鎌倉時代に成立した、いろいろなお話を集めた作品集。
＊稚児＝学問や行儀作法を習うために寺に預けられた少年。

II

これも今は昔、田舎の児《ちご》の比叡《ひえ》（比叡山延暦寺）の山へ登りたりけるが、桜のめでたく咲きたりけるに、風のはげしく吹きけるを見て、この児さめざめと泣きけるを見て、僧のやはら（静かに）寄りて、「などかうは泣かせ給ふぞ（どうしてそんなにお泣きになるのですか）。この花の散るを惜《を》しう覚えさせ給ふか（お思いですか）。桜ははかなきものにて、かく程なくうつろひ候《さぶら》ふなり（こうしてすぐに散っていくのです）。されどもさのみぞ候ふ（それだけのことです）」と慰めければ、「桜の散らんはあながちにいかがせん、苦しからず（桜が散るのは強いてどうこうできることではありませんから、かまいません）。我が父《てて》の作りたる麦の花の散りて実の入《い》らざらん思ふがわびしき」といひて、さくりあげて、よよと泣きければ、うたてしやな（あきれたことだなあ）。

（「宇治拾遺物語」より）

問い　――線部「桜の花の盛りのころ」とあるが、「盛り」であるのは II の文章中のどの語からわかるか。一文節で抜き出して書きなさい。

（青森県）

ミスの傾向と対策

解説文がついている古文は、いかに解説文を利用して古文を理解するかがポイントとなる。どちらかをおろそかにしないようにしよう。例題であれば、解説文は、古文の「田舎の児の～この児さめざめと泣きける」を説明している。古文のどの部分の解説になっているかを丁寧に追っていくことで、ミスを防ぐことができる。

解き方

I の文章が、II の文章の「田舎の児の～この児さめざめと泣きける」を説明していることをおさえて問題を解く。この部分で、桜の花が「盛り」であること、つまり、咲き誇っていることをあらわしている語を探せば、「めでたく」を見つけることは比較的容易である。

解答

めでたく

要点まとめ

入試必出！

解説文付きの古文のポイント

「解説文」が「古文のどういう点を解説しているか」を考えるとよい。これを考えることが、この出題パターンにおいての「共通点」を読み取ることにつながることが多い。

まずは「ミスの傾向と対策」にあるように、解説文が、古文のどの部分の解説になっているかを丁寧におさえること。その上で、「共通点」を考えていくと、解説文付きの古文は若干取り組みやすくなってくる。左ページの「実力チェック問題」は、その代表的な出題例といえるものである。このポイントを意識しながら、取り組んでみよう。

解答・解説 別冊 P.21

1

次の古文A、漢文B、漢文Bについて解説した文章Cを読んで、あとの問いに答えなさい。

A

古人《こじん》の云《い》はく、銅《あかがね》をもて鏡としては衣冠《いくわん》（衣服と冠）を正し、人をもて鏡としては得失を知り、①古《いにしへ》を以《も》て鏡としては興廃を知り、心を以て鏡としては万法《まんぽふ》（あらゆる存在の真理）を照《てら》すと云へり。

（「沙石集《しゃせきしゅう》」より）

B

子曰ク、見テハレ賢ヲ思ヒレ齊カランコトヲ焉、見テハ二不賢ヲ一而内ニ自ラ省ル也。

【書き下し文】

子曰《いは》く、賢（自分より知徳の優れた人）を見ては齊《ひとし》から（同じになるようなこと）んことを思ひ、不賢を見ては内に自《みずか》ら省《かへりみ》るなり。

（「論語」より）

C

自分より優秀な人を見ると、ついその人を羨《うらや》んだり、妬《ねた》んだりしてしまいます。

でも、ライバルや自分より優秀な人が周りにいる事は、とても幸運な事ではないでしょうか。

本当に賢いのは優秀な人物やライバルたちに追いつき、追い抜くという気持ちを強く持つ事ができる人ではないでしょうか。周囲にいる人々は自分を成長させてくれる存在なのです。

孔子は自分の方が勝っていると思う人、そういった人からも学びなさいと言っています。人は、自分の間違いや劣った部分に目を向けないようにする傾向があります。そのような時、他人を見つめる事で、②自分に目を向ける事ができます。

（佐久協「ためになる論語の世界」より）

(1) 47%

(1) 次の【漢和辞典で調べた内容の一部】を含めて考えたとき、――線部①を説明したものとして、最も適当なものを、あとのア～エから一つ選び、記号で答えなさい。

【漢和辞典で調べた内容の一部】

> 【鏡】かがみ
> 1 顔や姿をうつして見る道具。青銅の鏡。
> 2 光を反射させるもの。
> 3 手本。模範。

ア 遠く過ぎ去った世と照合し、成功や発展の歴史を知ること。
イ 遠く過ぎ去った世を先例に、繁栄や衰退の歴史を知ること。
ウ 遠く過ぎ去った世を考慮し、損失や廃止の歴史を知ること。
エ 遠く過ぎ去った世と反対に、流行や滅亡の歴史を知ること。

(2) 34%

(2) 文章Cに――線部②「自分に目を向ける」とあるが、古文A、漢文Bを踏まえると、「自分に目を向ける」とは具体的にどうすることか。二十字以内で説明しなさい。

（宮崎県）

融合文 ④

例題　正答率 48%

――線部について、「この発言」に相当する箇所が、「徒然《つれづれ》草《ぐさ》」の原文中にある。その発言の初めの五字をそのまま抜き出して書きなさい。なお、「も字数に数えること。

かかる折に、向かひなる楝《あふち》の木に、法師の登りて、木の股《また》に突《つ》い居《ゐ》て、物見るあり。取り付きながらいたう睡《ねぶ》りて、落ちぬべき時に目を覚ますこと、度々《たびたび》なり。

これを見る人、あざけりあさみて、「世の痴《し》れ者かな。かく危ふき枝の上にて、安き心ありて眠るらんよ。」と言ふに、わが心にふと思ひしままに、「われらが生死《しやうじ》の到来、ただ今にもやあらん。それを忘れて物見て日を暮らす、愚かなることは、なほ増さりたるものを。」と言ひたれば、前なる人ども、「まことに、さにこそ候《さうら》ひけれ。もつとも愚かに候《さうらふ》。」と言ひて、皆、後《うしろ》を見返りて、「ここへ入らせ給《たま》へ。」とて、所を去りて呼び入れ侍《はべ》りにき。

（兼好法師「徒然草」より）

人々がこの様子を見て「何と愚かなことよ。」とひどく軽蔑《けいべつ》するので、兼好《けんこう》は心の思ったままに、「私たちだって、いつ死がやってくるのかわからない。それがたった今かも知れないのに、こんな見物をして大事な時間を潰《つぶ》しているではないか。愚かしさということなら、私たちの方が上だろうに。」と口にしたのである。

この発言が、思いもよらぬ一言となった。今まで兼好の前に、まるで厚い壁のように立ち塞がっていた人々が、一斉に振り返って兼好の方を向いたのである。

（島内裕子「兼好」より）

（東京都）

ミスの傾向と対策

現代文の解説には古文の現代語訳がそのまま書かれているわけではない。しかし、現代文の解説は古文の大筋が書かれていることが多いので、丁寧に読めば、古文の全体像をつかみやすくなる。先に現代文の解説を読むことで、古文が把握しやすくなることもあるので、試してみよう。

また、見慣れない古語が出てきたときは、現代文の解説から推測できることもあるので、よく読み比べをしてみよう。

解き方

「この発言」とは、解説文の中では「私たちだって～上だろうに」という兼好の発言を指している。さらに、古文中ではどの部分にあたるかをとらえる。

解説文中の兼好の発言の直前に書かれている「心の思ったままに」が、古文中の「わが心にふと思ひしままに」に対応していることもヒントになる。

解答　**「われらが**

入試必出！ 要点まとめ

現代文と古文の融合問題のポイント

今までと同様に、「二つの文章の共通点を考える」ことが大切であるが、この出題パターンでは、現代文に注意を払うことが大切。問題としてよく出題されるのは、次の四つである。

① 現代文のある部分に対応する箇所を、古文から抜き出す。あるいは、その逆。
② 古文の主題について、現代文ではどう述べているか。
③ 古文の内容について、現代文の筆者はどのような考えを持っているか。
④ 古文と現代文の共通点はどういうことか。

解答・解説 別冊 P. 22

1

次のA・Bは、それぞれ「旅」を題材にして書かれた作品である。これらを読んで、あとの各問いに答えなさい。

A

地図の旅は、天候にも、時刻にも、何にもしばられない。峠を越える。川に沿って下る。

空想の旅は楽しい。昼でもいい。真夜中でもいい。重たい地図帳を床にひろげて、ゆっくりと地図を旅する。緑の山地を通ってゆく。海沿いの道を行く。

地図帳には、語られてきた物語と、語られなかった物語が、なまじいの物語の本よりも、一杯つまっている。

（長田弘「人生の特別な一瞬」より）

B

いづくにもあれ、しばし旅立ちたるこそ、目さむる心地《ここち》すれ。

そのわたり、ここかしこ見ありき、ゐなかびたる所、山里などは、いと目慣れぬことのみぞ多かる。都へ便り求めて文やる、「そのこと、かのこと、便宜《べんぎ》に忘るな」など言ひやるこそをかしけれ。

さやうの所にてこそ、よろづに心づかひせらるれ。

（兼好法師「徒然草」より）

(1) 39%

(1) Aの文章中にある――線部には「地図帳には、語られてきた物語と、語られなかった物語が、なまじいの物語の本よりも、一杯つまっている」とあるが、「なまじい」とは、ここではどのような意味か。次のア～エから最も適当なものを一つ選び、その記号を答えなさい。

ア 不可能であったことを、無理にするさま。

イ すべきではないことを、強引にするさま。

ウ ふと忘れそうなことを、確実にするさま。

エ 考慮すべきことを、中途半端《はんぱ》にするさま。

(2) 47%

(2) Aの文章中で、――線部以外に、この「地図の旅」の特色を端的に示す言葉は何か。Aから四字で抜き出して書きなさい。

差がつく!! (3) 23%

(3) Bの文章中にある――線部「さやうの所」とは、ここではどのような所か。次のア～エから最も適当なものを一つ選び、その記号を答えなさい。

ア どの地でもよいが、しばらく滞在する旅先。

イ 見慣れない面白さが多い、田舎めいた場所。

ウ 人とのつながりをたよりに、手紙を送る都。

エ 人知れず幾日かお籠《こも》りをする、神社や寺院。

(4) 49%

(4) AとBの「旅」の特徴をいちばんよくとらえた説明はどれか。次のア～エから最も適当なものを一つ選び、その記号を答えなさい。

ア Aはどこへもゆかないで、どこへでも自在にゆける旅であるのに対して、Bは都を出てよそで生活する旅。

イ Aは天候にも、時刻にも、何にもしばられない旅であるのに対して、Bはその辺をここあそこと見て歩く旅。

ウ Aは地図を読んで、多くの物語を思い浮かべる旅であるのに対して、Bは旅先で、新鮮な感じを覚える旅。

エ Aは地図帳を床にひろげ、俯瞰《ふかん》して眺める旅であるのに対して、Bはよいものが家で見るよりよく見える旅。

（山梨県）

例題

正答率 43%

次のAは、中国の詩人韋応物《いおうぶつ》の「雁《がん》を聞く」と題する漢詩の書き下し文であり、Bは、日本の作家井伏鱒二《いぶせますじ》による、その漢詩の訳詩である。これを読んで、あとの問いに答えなさい。

A
故園《こゑん》眇《べう》として何《いづ》れの処《ところ》ぞ
帰思《きし》方《まさ》に悠なる哉《かな》
*淮南《わいなん》秋雨の夜
*高斎《かうさい》*雁の来《きた》るを聞く

B
ワシガ故郷ハハルカニ遠イ
帰リタイノハカギリモナイゾ
アキノ夜*スガラサビシイアメニ
ヤクショデ雁の声ヲキク

（注）*淮南＝中国の地名で、韋応物はその地域の地方長官を務めていた。
*高斎＝高い建物にある書斎。　*雁＝渡り鳥の一種。
*夜スガラ＝一晩中。

問い　「雁を聞く」の構成や内容について正しく述べたものを、次のア〜エから一つ選び、その記号を書きなさい。

ア　転句と結句とが対になって、韻をふんでいる。
イ　転句は起句の内容を詳細に述べたものである。
ウ　起句と承句の問いかけに転句で回答している。
エ　承句は転句と結句とに触発されたものである。

（奈良県）

ミスの傾向と対策

漢詩は大きく、絶《ぜっ》句《く》と律詩《りっし》の二種類に分けられる。律詩には、「対句」という同じ構成の句が出てくる手法がよく用いられる。また、絶句は、「起承転結」の四句から成り立っており、承句と結句の語尾に韻をふむことが多い。漢詩のルールをしっかりとおさえておこう。

解き方

漢詩の構成に注意して、Bの訳詩を参考にしながらAの漢詩の内容をとらえる。承句は「帰思方に悠なる哉」で、故郷へ帰りたい気持ちが募ったという内容。これは、転句の「秋雨の夜」や、結句の「雁の来るを聞く」によって、高められた気持ちである。

解答

エ

入試必出！ 要点まとめ

漢文でよく用いられる表現

① 「…いはく」＝…が言うには
② 「…するなかれ」＝…してはいけない
③ 「…するあたはず」＝…することはできない
④ 「また…ずや」＝…ではないか
⑤ 「まさに…んとす」＝今にも…しようとする
⑥ 「なほ…ごとし」＝まるで…と同じである
⑦ 「いまだ…ず」＝まだ…ない
⑧ 「すべからく…べし」＝必ず…せよ
⑨ 「よろしく…べし」＝…するのがよい
⑩ 「まさに…べし」＝…しなければならない

1

次の文章を読んで、あとの問いに答えなさい。

【書き下し文】

張僧繇《*ちょうそうよう》は、呉中《*ごちゅう》の人なり。武帝《*ぶてい》仏寺を崇飾《*すうしょく》するに、多く僧繇に命じて之《これ》に画《えが》かしむ。金陵《*きんりょう》の安楽寺《あんらくじ》の四白竜《しはくりゅう》は、眼睛《*がんせい》を点ぜず。毎《つね》に云《い》ふ、「睛《ひとみ》を点ぜば即《すなは》ち飛び去らん。」と。人以《もつ》て妄誕《*もうたん》と為《な》し、固《かた》く請《こ》ひて之を点ぜしむ。須臾《*しゅゆ》にして雷電《らいでん》壁を破り、両竜雲に乗り、騰去《*とうきょ》して天に上る。二竜未《いま》だ眼《まなこ》を点ぜざる者は、見《*げん》に在《あ》り。

（注）＊張僧繇＝中国の南北朝時代の画家。　＊呉中＝現在の中国江蘇《こうそ》省蘇州《そしゅう》市。
＊武帝＝南北朝時代の梁《りょう》という国の皇帝。　＊崇飾＝立派に装飾する。
＊金陵の安楽寺＝現在の中国江蘇省南京《なんきん》市にあった寺院。　＊眼睛＝「瞳《ひとみ》」のこと（「眼」も「睛」も「瞳」に同じ）。　＊妄誕＝でたらめなこと。
＊須臾＝たちまち。　＊騰去＝躍り上がること。　＊見に在り＝現在もある。

【漢文】

張僧繇ハ、呉中ノ人也。武帝崇二飾スルニ仏寺一ヲ、多ク命ジテ二僧繇ニ一画カシムレ之ニ。金陵ノ安楽寺ノ四白竜ハ、不レ点ゼ二眼睛一ヲ。毎ニ云フ、点ゼバレ睛ヲ即チ飛ビ去ラント。人以テ為シ二妄誕一ト、固ク請ヒテ点ゼシムレ之ヲ。須臾ニシテ雷電破リレ壁ヲ、両竜乗リレ雲ニ、騰去シテ上ルレ天ニ。二竜未ダレ点ゼレ眼ヲ者ハ、見ニ在リ。

（張彦遠「歴代名画記」より）

差がつく!! (1) 17%

(1) ――線部「不レ点ゼ二」の主語にあたるものを、次のア～エから一つ選んで記号で書きなさい。

ア 張僧繇　**イ** 武帝　**ウ** 四白竜　**エ** 雷電

(2) 34%

(2) ――線部「妄誕」とあるが、何が「でたらめ」だというのか。その具体的な内容を**【漢文】**から漢字五字以内で抜き出しなさい。

差がつく!! (3) 21%

(3) ――線部「固ク請ヒテ」の固ク と同じ意味で「固」が用いられている熟語を、次のア～エから一つ選んで記号で書きなさい。

ア 固有　**イ** 凝固　**ウ** 固辞　**エ** 強固

差がつく!! (4) 20%

(4) ――線部「未ダレ点ゼレ眼ヲ」とはどういう状態を表すのか。「～状態」と続くように現代語で書きなさい。

(5) 46%

(5) 本文の内容にあっているものを、次のア～エから一つ選んで記号で書きなさい。

ア 張僧繇は多くの弟子たちを使って仏寺に画を描かせた。
イ 武帝は張僧繇が描いた竜を人々が悪く言うのを禁じた。
ウ 世の人々の多くは寺院を装飾することに反対していた。
エ 二頭の白竜が雲に乗って天高く昇っていってしまった。

(6) 44%

(6) この話に由来する「画竜点睛《がりょうてんせい》」という故事成語を、次のア～オの各短文の□に入れたとき、文の意味が成り立つものを一つ選んで記号で書きなさい。

ア 僕には□し合える友達がいて幸せだ。
イ 彼のやることは□を欠くことが多い。
ウ 昔の繁栄も今となっては□となった。
エ □とは思いながら一言付け加えておいた。
オ 今回のことを□として今後も努力したい。

（秋田県）

受験生の50%以下しか解けない
差がつく入試問題 〔三訂版〕
国語
実力チェック問題 解答・解説

漢字・語彙 漢字の読み方
本冊 P. 9

解答

1 (1)とどこお (2)かんかつ (3)すた (4)く
(5)ひしょ (6)すうこう (7)ろ
(8)しゅういつ (9)ちゅうぞう
(10)せっちゅう

2 (1)いしょく (2)ぜせい (3)べんぎ
(4)ふんきゅう (5)はんぷ (6)はか
(7)たんそく (8)けいしょう (9)こと
(10)とうしゅう

解説

1 (4)「繰る」は、「あやつ(る)」(操る)と間違えないこと。
(10)「せっぱん(折半)」と間違えないこと。

2 (1)「いたく(委託)」と間違えないこと。なお、「委託」「委嘱」ともに、「人に任せること」という意味である。
(5)「頒布」は「広く分けて配ること」の意味。
(10)「踏襲」は「それまでのやり方をそのまま受け継ぐこと」。

漢字・語彙 漢字の書き方
本冊 P. 11

解答

1 (1)貯蔵 (2)姿勢 (3)厳密 (4)仮設
(5)富 (6)針小 (7)制約 (8)危 (9)汽笛
(10)勤勉 (11)清純 (12)典型 (13)梅林
(14)講演

2 (1)前提 (2)包装 (3)穀倉 (4)政策
(5)複写 (6)奮 (7)収支 (8)功績 (9)類
(10)善戦 (11)採 (12)寄与 (13)刷新 (14)列挙
(15)徒労

解説

1 (4)「仮設」は、「仮に(一時的に)設置すること」という意味。
(8)送りがなに注意。「危」には、「心配する」という意味がある。

2 (7)「収支」は「収入と支出」の意味。
(11)「決を採る」は「会議で議論し、最終的にこれがよいと決める」こと。「採決」という、同じ意味の熟語もある。
(15)「徒労」は、「むだな苦労」の意味。「徒」には、「むだ」という意味がある。

漢字・語彙 漢字の知識・書写 熟語・慣用句・故事成語
本冊 P. 13

解答

1 五
2 ウ
3 ア・エ(順不同)
4 東・西
5 ア
6 胸
7 例 私は、自分の気持ちをうまく伝えるために、作文の推敲を何度も行った。

解説

1 楷書に直すと「飛」。行書では連続して書かれていても、楷書では一画一画きちんと数えること。

2 「未来」は上の字が下の字の意味を打ち消している構成。「未《いま》だ来ない」という意味。同じ構成のものは、ウ「非常」。ア「起伏」は反対の意味の漢字を重ねたもの。イ「佳作」は上の字が下の字を修飾しているもの。エ「打撃」は同じ意味の漢字を重ねたもの。

5 「付和雷同」は、「自分自身の意見がなく、他人の意見に簡単に同調すること」。

7 「推敲《すいこう》」は、「詩や文章がよくなるように、何度も作り直すこと」。詩や文章に対してしか使えないことに注意する。

漢字・語彙

語句の意味

本冊 P. 15

解答

1 エ

2 イ

3 例 ここのカレーのおいしさは、わたしが保証します。（二十三字）

解説

1 「役不足」とは、能力に対して、与えられた役目が低いことを表す。文章中の「鈴木さん」は、誤って「自分には役目にふさわしい能力がない」という反対の意味で使っているので、「加藤さん」は、「あら。そんな答え方をしたら、断ったことにならないじゃない」と言っているのである。「役不足」は、「鈴木さん」のように使い方を間違えやすいので注意する。

2 「恥ずかしがり屋の琴世《ことよ》が、大観衆が沈黙している中で、たった一人英明《ひであき》に向かって声援を飛ばした」の部分から、周囲の人々が意外な出来事に驚いていることがわかる。

3 「保証」は、「確かである、まちがいないとうけあうこと」を意味する。

現代文

指示語問題 ①

本冊 P. 17

解答

1 例 それぞれの時代の建物が、絵になる風景の一要素として全体の中に納まっていること。（三十九字）

2 例 人間の欲望の実現を可能にした（十四字）

3 いいお手本に学んでも一時的な成功さえ得られない

解説

1 「この現象」が直接指しているのは、「合体化現象」。それは「ありふれた家々や町並みが絵になる風景をつくり出している」ということである。「明治あり大正あり昭和ありという」複数の家々がそれをつくっていることがポイント。

2 「これ」が直接指しているのは、直前の「それを実現することを、科学技術は可能にしてくれた」ことである。「それ」が指す内容が「欲望」であることを読み取って解答とする。

3 ――線部を含む文の内容をとらえる。筆者は、「見ない」「考えない」「歩かない」という姿勢では「いいお手本に学んでも一時的な成功さえ得られない」と述べ、そして「現実にいまの社会はそのようになっている」とまとめているので、「そのように」は、直前の部分を指している。

現代文

指示語問題 ②

本冊 P. 19

解答

1 例 一生懸命にお百度参りをしていたこと。（十八字）

2 例 子供を抱いて触れ合う

解説

1 母親がお地蔵様のお堂で行っているのは、母がひさしに語った「父親の病気が一日も早く癒《いえ》るように、もう何日も前から続けているお百度参り」であることをふまえ、――線部の「こうして」が指している、――線部の前の二段落に述べられている母親のお百度参りの様子をとらえる。母親は、一心不乱に何ごとかを唱えながら、はだしで石の道を何度も何度も廻《めぐ》っているが、この様子を簡潔にまとめること。

2 「そういう」が指す内容のキーワードは、直前にある「抱いた」である。「〜ような愛情表現」に続けるためには語句が不足しており、自分で考え出さなければならない。「抱く」という「愛情表現」は、この場合、「子供と触れ合う愛情表現」であることを読み取る。

現代文 内容理解問題 ①

本冊 P. 21

解答

1 (1) 例 ものとか性質として認識できないこと。（十八字）

(2) 例 ことばの構造やしくみが違えば、認識される対象もある程度変化すること。（三十四字）

2 東洋的な見方

解説

1 (1) 前に、ことばによって「ものとか性質として認識できる」とあるので、「ことばがなければ」認識できないということである。

(2) ——線部②は、すぐ前の段落の「ことばの構造や～変化せざるを得ない」ことを、ことばを「窓」にたとえて具体的に説明している部分である。

2 二つの見方のうち、一つが「近代科学の見方」であることが手がかり。この見方は、表の中にある通り、「人間と自然は別個の存在」と考える、ということをおさえておく。その上で、対照的な内容を文章中から探すと、第三段落に「自然と人間を分けることのできない一体のものとしてみる東洋的な見方」とあるのが見つかる。

現代文 内容理解問題 ②

本冊 P. 23

解答

1 エ

解説

1 一つ前の段落「私たちはいま、科学のもたらす新しい知識や発見、成果をどのように生かし、コントロールしていくかを問われる時代を迎えている」と、——線部と同じ段落の三行目「グローバルな視点ももたなくてはいけない」に着目。「グローバル」の内容が、「時間軸」と「空間軸」のそれぞれについて、あとで具体的に述べられていることをおさえる。「時間軸」は、「今日明日しか考えないのではなく～何世紀か先の未来へ思いをはせてみたりしたい」から、その内容を読み取る。また「空間軸」は、「超ミクロな素粒子や～宇宙の果てへと思索の旅をするのもよいだろう」から、その内容を読み取る。これらの内容から、科学の成果を生かし、コントロールするためには、広い視点をもたなくてはならないと述べていることがわかるので、解答はエ。

現代文 内容理解問題 ③

本冊 P. 25

解答

1 (1) ウ

(2) 自分の知識～解すること

解説

1 (1) 「わかる」ということのレベルは、最後の段落で述べられている。——線部①は、「五〇ヤードなので柔らかさが重要であった。」の文について、「この文は、ゴルフのスイングについて述べたものである」という情報を与えられ、「ああそうですか、といちおうわかったような気に」なっている段階。第一のレベルの「言葉の範囲内」を超えて、「文が述べている対象世界(＝ゴルフのスイング)との関係で理解する」という第二のレベルである。

(2) ——線部②を含む段落では、「ゴルフのスイングについて述べたものである」という説明を理解できたとしても、「自分がゴルフをし、何度も五〇ヤードの距離を打ってみるという体験をしなければならない」、そうでなければ「ほんとうにわかったことにはならない」と述べている。この段落には指定字数に合う部分はないので、「わかる」ということのレベルを述べた最後の段落から探す。第三のレベル「自分の知識と経験、感覚に照らして理解すること」が適切。

現代文 内容理解問題 ④

本冊 P. 27

解答

1 交感神経系

2 ①種子を移動（五字）
②分布を広げよう（七字）

解説

1 危険に直面したときの体の反応について説明した文章である。――線部の「窮鼠《きゅうそ》猫を噛《か》む」や「火事場の馬鹿力」のことわざは、直前の文の内容「ふだんは出せないような大きな力が発揮できる」を言い換えたもの。この部分の初めに「だから」とあるので、さらにその前の一文に注目する。「交感神経系を優位にして、心拍や血圧を上げ、筋肉や脳に優先して血液を送る」とあり、このことが「ふだんは出せないような大きな力が発揮できる」ことについての「科学的な根拠」である。

2 植物が種子を遠くに運ぶのは、分布を広げるためであることを説明している文章である。――線部を含む「常に挑戦し続けなければいけないということなのだ」は、前の段落で述べられている、環境の変化に対応するために植物は常に新しい生育の場所を求めて分布を広げなければならないという説明を受けて、「挑戦し続けなければいけない」と言っているので、「挑戦」とは、種子を遠くへ運んで分布を広げることを表している。このことは本文全体で説明されているので、本文全体から空欄に合う言葉を探す。ただし、同じような言葉が多く使われているので、空欄の前後の言葉とのつながりや指定字数に注意して、あてはまる言葉を探すこと。①は、「植物が」が主語であることと、空欄のあとが「させる」となっているので、「種子が移動」ではなく、「種子を移動」がふさわしい。②は、空欄のあとが「とする」となっているので、「分布を広げる」ではなく、「分布を広げよう」が適切であることに注意する。

現代文 内容理解問題 ⑤

本冊 P. 29

解答

1 例 田んぼは、管理されてきた人為的な空間なのに、自然を感じさせること。（三十三字）

2 例 人間にとって自然環境とは何かを、あらゆる学問分野を総動員して検討していくこと。（三十九字）

解説

1 「矛盾した感覚のように思える」のは、直前の「古くから、また長きにわたって管理されてきた人為的な空間なのに、そこに自然を感じる」ことに対してである。ここで逆接の「のに」でつながれている、田んぼに関する二つのこと（「人為的」と「自然」）が、「矛盾した感覚のように思える」のである。

2 生態系は、地球上のあらゆるものが依存し合っている「複雑な関係の網の目」であるので、「生態学」においては「ある部分」だけを扱っても環境の破壊の進行を止めることはできない。そのため、地球環境問題に取り組むには、自然科学、社会科学、人文科学など広い視野から、人間にとって自然環境とは何かを考えなければならないとしている。最後にある三つの文を参考にしながら、その内容をまとめる。

現代文 内容理解問題 ⑥

本冊 P. 31

解答

1 (1) あなたにしかない感覚・感情

(2) 例 本当の自分が自己の中にはじめから明確に存在すると思い込んで、それを探している　（三十八字）

解説

1 (1) ——線部①は、何かを見るときにはいつも、自分自身の見方や感じ方を通しているということをたとえた表現である。これを踏まえて、「自分自身の見方や感じ方」と同じような内容の言葉を前の部分から探す。

(2) 「自分探し」とは、どういう状態かをとらえる。設問文に、「『自分探し』をする上で陥りやすいことを踏まえて」とあるので、ただ単に「本当の自分を探す状態。」としたのでは誤り。「自分探し」について、「はじめから、しっかりとした自分があるわけではない」「本当の自分を探してどんなに自己を深く掘っていっても、何も出てきません」「『自分』とは、『私』の中にはじめから明確に存在するものでなく」と述べられている。このことをふまえ、存在するわけではない「本当の自分」が「私」の中にはじめから明確に存在すると考えて、それを探そうとする「状態」であることをまとめること。

現代文 内容理解問題 ⑦

本冊 P. 33

解答

1 例 絶対語感は地域や世代で差があり、さらに、個人によっても微妙に差があるという点で、ほぼだれにとっても同じものである絶対音感とは違うということ。　（七十字）

2 例 流氷からはきだされたブラインや氷が溶けた冷たい水は、表層の海水より重いので、海の底まで沈んでいき、入れかわりに、深層の海水が浮かび上がってくることによる。　（七十七字）

解説

1 「絶対語感」が「社会性を帯びている」という意味をまずまとめる。第三・四段落の例にあるように、地域によって「それぞれの絶対語感が異なっている」ことがわかる。また、第六段落の例にあるように、それは世代によっても異なるものだとわかる。さらに、第七段落から、同じ地域、世代でも、ひとりひとり「微妙な差」をもっていることがわかる。次に、「絶対音感」についてまとめる。——線部中の「ほぼ絶対の物理的同一性をもつ」という部分から、また、「絶対語感」と対照的なものとして文章中で挙げられていることから、「絶対音感」は人によって差がないもの、つまりだれにとっても同じものであることがわかる。この内容をまとめればよい。

2 第三段落の内容を中心にまとめる。「流氷からはきだされたブラインや氷が溶けた冷たい水」は、表層の海水より重いので海の底まで沈み、その入れかわりに「深層の海水」が浮かび上がってくる。そのことによって「深海にたまった栄養分」も浮かび上がってくるということ。この循環のメカニズムにだけ注目してまとめればよい。

現代文 内容理解問題 ⑧

本冊 P. 35

解答

1 しかし

解説

1 「サッカー部員に負い目を感じて」いる「ぼく」は、「猫田《ねこた》」に会ってすぐは気弱になっていた。しかし、言い訳をしそうになったあとで、逆に猫田に対して堂々とした態度をとれるようになっている。「しかし、膝から手を放して、はっきりと答えた。」というのは、逃げようとするのをやめ、正面から向かい合おうとする姿勢を表しているため、この一文が正解。その後、「猫田」に対してしっかりとした様子で受け答えをしており、「強さ」を自分の中に感じてうれしくなってもいる。

現代文 内容理解問題 ⑨

本冊 P. 37

解答

1 日本人同士

2 例 限られた世界しか知らない、考えや知識の狭い人間(であること)。

解説

1 「欧米的な知性」をもつ人々は、「非常に合理主義的で、原理原則をきっちりふまえ、論理的に対応してくる」と述べている。そのような「厳密」な仕事の仕方と対立する行動が書かれている部分を探せばよい。「かなり重大な約束を電話一本で」行うというのは、欧米人のようにきっちりと契約をし、文書をとり交わす仕事の仕方の対極といえるものである。

2 ――線部は、「井の中の蛙《かわず》大海を知らず」ということわざを用いた比喩であり、具体的に説明している部分がないということに注意。この比喩を通して筆者が述べようとしていることを読み取る。「井戸のなかに住む」とは、日本に住み、それ以外の場所について知らず、したがって考えや知識もその範囲を超えることがない、という意味である。

現代文 内容理解問題 ⑩

本冊 P. 39

解答

1 例 田坂が、木鋏を無数に鳴らしながら、猛然と生垣を切り続ける様子。

(三十一字)

解説

1 ――線部の前後の「握られては開かれる右手の翼から木鋏《きばさみ》の刃先だけが出ている」「木鋏はあらゆる角度から枝に食いつき」「小さな明るさの中に生きている鳥」「最後の枝の切口を鳥の嘴《くちばし》が鋏《はさ》んで、音がやんだ」から、田坂の手を鳥の翼に、木鋏を嘴に、木鋏の音を鳥の鳴き声にたとえていることがわかる。よって、木鋏を使って生垣を切っている田坂の様子をとらえてまとめる。田坂は「猛然と生垣に向か」い、木鋏を「無数に鳴」らしながら、生垣を切り続けているのである。

現代文 内容理解問題 ⑪

本冊 P. 41

解答

1 例 ヤスの切っ先の狙いがピタリと定まり、あとはいっきに突けばよいところまで追い詰めたことにより、次は必ず仕留めることができると思えたということ。（七十字）

解説

1 設問文に、「どのような雨鱒《あめます》捕りの経験をしたことにより」とあるので、まずは、「雨鱒の頭上で、」という、与えられている語に着目して、本文中から「経験」にあたる内容を探す。すると、「雨鱒の頭上で、切っ先の狙いがピタリと定まった。あとはいっきに突けばよかった」が見つかる。また、「どのように思えた」のかは、——線部に「希望と自信」とあるので、希望や自信につながる心平《しんぺい》の気持ちを本文中から探す。直前に「もう少しのところまで追い詰めたことがうれしかった。次の機会にはきっと仕留めることができる」とあるように、雨鱒捕りには惜しくも失敗したが、「次の機会にはきっと仕留めることができる」と思えるような経験であったことがわかる。この二つの部分を組み合わせて解答を作成する。

現代文 内容理解問題 ⑫

本冊 P. 43

解答

1 (1) 例 学級委員になりたい欲望を友達に知られるという恥をかかずに、委員長になれたから。（三十九字）

(2) 例 ヒコベエの名を書かなかった一人がヒコベエだと知っているのはヒコベエだけだということ。（四十二字）

解説

1 (1) ——線部「安堵《あんど》した」のは、「四十九票の得票で選ばれた」からである。クラス全員が自分に投票したら、「自分の名を書いたことがバレちゃう」ということを心配していたヒコベエは、自分の名前を書かなかったことで四十九票になり、「自分の名を書いたことがバレ」て学級委員長になりたい欲望を友達に知られるという事態を回避することができて、安堵したのである。

(2) すぐ前の「母」の言葉から、「母」が気付いたことをとらえる。「母」の「お前の名を書かなかったのが一人だけいたけど、それがヒコベエだということを知っているのはお前だけだよ」という言葉を指しているので、この部分をまとめる。

現代文 心情理解問題 ①

本冊 P. 45

解答

1 ウ

解説

1 鷹《たか》についての記述で注意すべき部分が三つある。一つ目は、冒頭の「鷹は、自分から人間に歩み寄ってくることはない」、二つ目は、最後の部分の「超然としたまま、そばの人間を半ば無視するように」、三つ目は、籠手《こて》の上に佇《たたず》んでいる鷹に対して岳央《たけお》が感じ取っている——線部である。「超然」という言葉に、人間を超えた力強さがこめられていることを読み取る。アは「愛情がひそかに伝わってくる」が文章中には書かれていないので不適切。イは「厳しい訓練を乗り越えて立派な鷹になる」が、「鷹に身を捧《ささ》げ、人間の側から歩み寄るしか」ないという部分にそぐわないので不適切。エは「人間に不慣れなため」が文章の内容にそぐわないので不適切。

現代文 心情理解問題 ②

本冊 P. 47

解答

1 例 自分をほめてくれた「わたし」にならわかってもらえると思ったので、不安を打ち明けようと決めた気持ち。（四十九字）

解説

1 ——線部の前では、小早川《こばやかわ》さんが一人で練習している様子を見て「わたし」が感動し、バトンを何度も落として座り込んでしまった小早川さんのもとにかけつけて、小早川さんを非常にほめている様子が描かれている。——線部の直後では、「怖いんです」という、小早川さんが自分の気持ちを打ち明ける言葉が続いている。したがって、——線部の「真っ直《す》ぐにわたしの目を見つめ」からは、自分のことを心からほめてくれた「わたし」に対して、自分の不安な気持ちを打ち明けようという気持ちになったことが読み取れる。「わたし」が小早川さんに対して、心から「すごい」「カッコイイ」と思っていることが伝わったので、そんな「わたし」になら、自分の気持ちをわかってもらえると思ったのである。

現代文 心情理解問題 ③

本冊 P. 49

解答

1 例 現在のくやしさに区切りをつけ、いつか今までの努力が無駄ではなかったと思えるように、前向きに頑張っていこうという決意。（五十八字）

解説

1 前半の部分では、卓球をしてきた三年間は無駄だったのではないか、という疑問をもっていることがわかる。また、「なんにもかわらなかった。かえられなかった」というくやしさを感じている。そして、次第に「無駄じゃなかったって心の底から思いたい」という強い気持ちへと変わっていくのである。最後の場面で「轟音《ごうおん》」とともにとびらをしめているのは、こうした気持ちの表れであり、また、「去年とはちがう夏休みのはじまり」を表現している。記述に使えそうな場所がまとまっていないので解答を作成しにくいが、心情の変化を追いながら適切な表現や語句を見つけたり、別の言葉に言い換えたりして、解答に盛り込んでいくこと。

現代文 理由説明問題 ①

本冊 P. 51

解答

1 オ

解説

1 筆者は自覚的な生き方について述べている。さまざまに条件づけられ、動かすことのできない過去を背負っている自分の「生」であっても、「思い、考えること」から生まれる「選択」や「決断」や「意志的努力」によって多くの「可能性」を与えることができるということである。アは「自分の過去に縛られる職業や趣味が加わる」ということは書かれていないので不適切。イは「友人」だけに限定されているので不適切。ウは「個性がなかった」ということは書かれていないので不適切。「ひとそれぞれの退《の》っ引《ぴ》きならない生」と文章中にある。エは「自分の人生を左右する重大な決断」が不適切。筆者は、日々の小さな行動もまた「決断」であると述べている。

現代文 理由説明問題 ②

本冊 P. 53

解答

1 省略の多い

解説

1 筆者は、俳句を「点的論理」の発達によって可能となった表現の例として挙げている。ヨーロッパの言語は「線的論理」による言葉であり、その論理からは日本語の「点的論理」を理解するのは難しいと述べている。また、第二段落で「省略の多い、言いかえると、解釈の余地の大きい表現」がおもしろい言葉として喜ばれると述べていることに注目する。この部分に、点的論理による言語の特徴が書かれている。字数に合う部分を探すと、「省略の多い」が見つかる。俳句が日本語の特色をよく表しているという視点を読み取ること。

現代文 理由説明問題 ③

本冊 P. 55

解答

1 例 運動神経に自信があるので、スポーツを続けなければならない(二十八字)

解説

1 スポーツ以外にやりたいことが見つかった宮本《みやもと》が、どのような考えを捨てきれずにいるのかを、——線部より前の宮本の言葉から読み取る。宮本は、「小四まで元気で、卓球やりまくって」いたが、「急に病気になって」しまった。それでも、「ぼくは運動神経いいし、スポーツ、やり続けられるって思った」ので、バレー部やバスケ部に入ることを考えたのである。ただ、「逆にスポーツ続けなきゃ、って思いこんでいるようなとこもあった」とも言っていることに着目する。運動神経がいいという自信があり、スポーツを続けなければいけないという思い込みがあったので、「意地張っちゃって」スポーツ以外のことをする決心ができないでいることをとらえる。

現代文 要旨 ①

本冊 P. 57

解答

1 ア

解説

1 「奈良の都」や「崩れかけた土塀」に共通して筆者が感じているのは、「時間の経過」がそのものを魅力的にしているということである。人間が造ったばかりの新しい建物には「人間の情念」が感じられるが、「時間の経過」によって「生々しさ」は消えさり、「風雪に耐えてここまで来たという揺るぎない自信」が生まれると述べている。このように「時間の経過」によってそのものの価値が高まり、見る人に感動を呼びおこしている例を選べばよい。アは「古代の土器」が「時を超えて」現れるとき、「その存在感に心を動かされる」ということなので、正しい。イは、化石そのものではなく、「化石を発掘する作業」の中で時の流れを感じている。ウは、「時の流れに風化することなく」と、「時間の経過」による魅力ではなく、古典作品そのものの魅力を語っている。エは、「時間の経過」が絵画や彫刻を魅力的にしているという意味になっていない。

現代文 要旨 ②

本冊 P. 59

解答

1 例 木は、他者とともに自在に生きる世界をつくりだしていること。（二十九字）

解説

1 筆者が木についてどのように考えているかをとらえる。筆者は、第一段落で、木は動けないからこそ「自分が必要としているものを呼び寄せるという能力」を身につけたのではないかと述べている。さらに、第二段落では、他の生きものを呼び寄せることで「他者の力を借りながら、木は生きているように感じる」と述べている。だから、第五段落にあるように、「木が自由に生きるためには、他の自然の生きものたちも自由に生きていられる環境が必要」なのである。そして、第七段落で、「自由」を「自在」と言い換えて、「木が自在な一生を生きるためには、自在に他者を呼び寄せ、自在に他者とともに生きていく世界が必要なはずである」と、木についてまとめている。木は自分自身では移動することができないからこそ、他者も自分も自由に生きられる世界が必要であり、それをつくりだしているのである。このような木の生き方を、筆者は「偉大」と述べていることをとらえる。

現代文 要旨 ③

本冊 P. 61

解答

1 例 言語によるコミュニケーションが可能となり、抽象概念が共有化され、人間の精神活動に広大な新たな世界がもたらされた。（五十六字）

解説

1 「共有」は第三段落、「精神活動」は第四段落、第六段落に出てくるので、この三つの段落を中心に、文章内容を丁寧に読み取ればよいという見当をつけておく。「言語を持つこと」でもたらされたものについては、文章中では大きく二つ述べられている。一つ目は、第三・四段落で述べられている「抽象概念」である。二つ目は、第六段落の「人間の精神活動に新たに出現した世界は、言語の獲得によるもの」という部分をおさえる。「人間の精神活動に新たに出現した世界」は、第四段落で「意識によって担《にな》われる精神活動に、広大な新たな世界をもたらしました」とも述べられている。この二つの内容を、文脈から外れないようにつなげるとよい。第一段落の要点「言語によるコミュニケーションは」「心の内部の情報も伝えることができる」が、つなげる手がかり。「心の内部の情報も伝える」ことで「抽象概念」も「共有できる」ようになり、この「共有」によって、精神活動に広大な新たな世界がもたらされた、という文脈をおさえる。

現代文 要旨 ④

本冊 P. 63

解答

1 例 送り手には言語化しきれなかった思考や感情があるので、受け手はその「間」を読み取り自分の内部に再現しようと努力すること。（五十九字）

解説

1 筆者が人間の言葉をどのようなものととらえているかを読み取り、言語によるコミュニケーションにおいて、送り手の思考や感情はどのような形で送られるのか、受け手はそれをどうとらえるべきなのかに着目する。

筆者は、第一段落で、言葉で表すとは「外界の無限の多様性を、有限の言語によって切り分けるという作業」であると述べており、言葉を「デジタル」な情報であるとしている。このことをふまえて、第三段落では「もともと言語化できないはずのアナログとしての感情や思想があり、それを言語に無理やりデジタル化して相手に伝えること、それがコミュニケーションの基本」と述べ、さらに、第四段落で「送り手の内部でアナログのデジタル化は、ほとんどの場合、不十分なものであるはず」であり、「特に複雑な思考や、あいまいな感情などを伝えようとするときには、デジタル化はほぼ未完のままに送り出される」と述べている。送り手からの言葉には、背後にうまく言語化できない思考や感情があるのである。そして、最後の段落で、「真のコミュニケーションとは、ついに相手が言語化しきれなかった『間《あいだ》』を読みとろうとする努力以外のものではない」と述べている。設問文に、「送り手」「受け手」という語を用いるという指定があるので、「送り手」の言葉は思考や感情をすべて表しているわけではないこと、「受け手」はそれをふまえて、相手が言語化しきれなかったものを読み取ろうと努力することがコミュニケーションでは大切だという内容をまとめる。

現代文 語句補充問題

本冊 P. 65

解答

1 ウ

2 例 切らないようにとうったえていたわけですね(二十字)

解説

1 「逆説」とは、普通とは反対のことを述べているようにみえて、実は正しいことを言い表している表現のこと。空欄の直前にある、読みはじめたばかりの小説について「まだ知らない世界をもう知っている」というのは、一見普通のことではないが、小説の読み方として「すでに知っている『物語』として読」むという点からしたら正しいことである。このことを「逆説」と述べている。

2 「実をつけない木や花の色づきの悪い木」を切ろうとすると「心を入れかえたように大きな実や美しい花をつける」という体験から、木にも心があって、人間の言葉を聞いて頑張ろうとすると言っている。切ろうとしていたけやきの新芽が美しかったのも、けやきを切ろうという人間の気持ちを察してのことだったということ。普通、解答に話し言葉は用いない。しかし、この問題は人物の言葉を答えるものなので、会話に合うように話し言葉を用いてよい。

韻文 詩の知識・鑑賞

本冊 P. 67

解答

1 ちいさな儀式

解説

1 第三連ではアゲハ蝶《ちょう》が羽化する様子がくわしく描かれている。羽化という現象については、「自然のなかでかわされた／やくそくのときは満ち／さなぎの背はさだめられたようにわれる」と表現されている。つまり、あらかじめアゲハ蝶の体の中に組み込まれているものとして羽化をとらえている。第一連の「ちいさな儀式」は、そのように決まっていることが一定の流れに沿って行われている様子を隠喩を用いて表している。

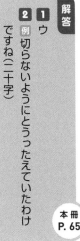

文法 敬語の用法・言葉の単位 文の成分・文節相互の関係

本冊 P. 69

解答

1 エ
2 イ・オ(順不同)
3 形が
4 9
5 イ

解説

1 「お～する」は、へりくだった気持ちを表す謙譲語である。――線部エの動作主は「みなさん」であるため、ここは尊敬語を用いなければならない。「お聞きになっている」などが正しい表現である。

2 「いようが」「いまいが」は、似た内容が並べられているので、並立の関係。また、「わたしが」と「いようがいまいが」は、主語と述語の関係になっている。

3 意味を考えると、「浮かび上がる」のは、空一面を覆う「雷雲の形」だが、設問文に「一文節で抜き出して書きなさい」とあるので、解答に注意する。「雷雲の」は「形が」を修飾する連体修飾語であり、答えには含まれない。また、「形」だけでは、一文節という要件は満たさないので、付属語の「が」まで抜き出すこと。この一文を文節に分けると、「空が／明るく／なるごとに、／一面を／覆う／雷雲の／形が、／黒と／群青《ぐんじょう》と／紫を／混ぜたような／色で／浮かび上がる」となる。

4 単語に分けると次の通り。「走っ(動詞)／て(助詞)／いる(動詞)／兄(名詞)／の(助詞)／姿(名詞)／を(助詞)／見(動詞)／た(助動詞)」

5 「観測された」は、「観測さ」がサ行変格活用動詞「観測する」の未然形。「れ」は受け身の助動詞「れる」の連用形。「た」は過去の助動詞の終止形であり、それぞれ一単語である。

文法 品詞の識別

本冊 P. 71

解答

1 3
2 (形容詞)寂しい・(活用形)連体形
3 イ
4 エ
5 エ

解説

1 ――線部を単語に分けると、それぞれの品詞は「有望な(形容動詞)／人材(名詞)／に(助詞)／活躍し(動詞)／て(助詞)／もらう(動詞)／しか(助詞)／ない(形容詞)」となる。付属語とは、助詞と助動詞のこと。この部分には、助詞が三つあるので、付属語も三つあるということになる。

2 「寂しい」が、活用があり、言い切りの形が「い」で終わるので形容詞。「寂しい」の活用形は、下に続く「思い」が動詞「思う」の連用形が名詞化したものなので、連体形。

3 ――線部の「ある」は、「人」を修飾している連体詞。アは、「遠く」という形容詞が名詞化したものを修飾している副詞。程度の副詞は、名詞を修飾することもある。イは、「絵」を修飾している連体詞。ウは、言い切りの形が「い」で終わるので形容詞。エは、言い切りの形が「きれいだ」で、「だ」で終わるので形容動詞。

4 ――線部の「に」は、目的を示す格助詞。エの「見に行く」の「に」も、「見るために」という目的を示している。アは接続助詞「のに」の一部、イは形容動詞「さわやかだ」の連用形の一部、ウは副詞「すでに」の一部。

5 品詞で判断すると、aだけは「ぬ」と置き換えられるので助動詞。bとdは形容詞で、打ち消しの意味を添えている。cは「少ない」という形容詞の一部である。

解答

1 ことわざ
2 ア
3 イ
4 こころにうつりゆくよしなしごとを

本冊 P. 73

【例題の現代語訳】

(2) その後、またも天皇がお負けになって、寛蓮《かんれん》法師はその枕《まくら》をいただいて宮廷を出ようとしたのを、以前のように若い殿上人《てんじょうびと》がたくさん追ってきて、奪い取ろうとするときに、寛蓮は懐《ふところ》からその枕を取り出して、后町《きさきまち》の井戸に投げ入れたので、殿上人はみな去っていった。

解説

1 「すべてひらがなで書きなさい」とあるので、「調」もひらがなに直して書くこと。

2 「をこなひしかば」を現代かなづかいに直すと「おこないしかば」である。この形からそれぞれの単語の意味をとらえる。「しかば」の「しか」は、過去を表す助動詞「き」の已然《いぜん》形、「ば」は助詞で、已然形に付いているので、原因や結果を表す「ので」や「ところ」という意味になる。したがって、「しかば」は、「〜たので」「〜たところ」という意味。

【現代語訳】

「このことは、私の思いに添わないことである。入道の心に合うだろうと思ってそのように言ったのだ。その理由は、広く中国と我が国のことを考えると、あまりよろしくない新規のことがらを行う者は、はじめに決心するときは、かえって人に相談することはない。その行為をすこし悔やむ心があるとき、人に問うのである。この度も、福原《ふくはら》に都を移して、随分たってから、二つの都の評定を行ったので、実は、このことが悔やまれるようになったのだな、ということを知った。それゆえ、どうして言葉を惜しんだりしようか」とおっしゃった。

3 「興」は、「興趣」などの熟語と同じ意味。

【現代語訳】

昔、殿上人の男たちが、桜を見ようと東山にいらっしゃったところ、急に無情な雨が降って、人々は、実に慌てふためきなさったが、実方《さねかた》の中将は、それほど慌てることなく、木のもとに近づいて、このように、

桜狩りに来たら、雨が降ってきた。同じことなら、濡《ぬ》れたとしても花の下で過ごしたいものだ

と詠《よ》んで、お隠れにならなかったので、花から漏れ落ちてくる雨にすっかり濡れて、服を絞ることができなくなるほどでした。このことを、おもしろいことだと人々は感じたのだった。

4 「徒然草《つれづれぐさ》」の冒頭に続く部分を書く問題。有名な古典の冒頭については、左にまとめてあるので、暗記しておきたい。

◆覚えておきたい古典の冒頭

4のように古典の冒頭を問う問題で出題される作品は限られている。左に挙げた作品については、暗唱できるようにしておこう。

『竹取物語《たけとりものがたり》』
今は昔、竹取の翁《おきな》といふものありけり。野山にまじりて竹を取りつつ、よろづの事に使ひけり。名をば、さぬきの造《みやつこ》となむいひける。

『平家物語』
祇園精舎《ぎをんしやうじや》の鐘の声、諸行《しよぎやう》無常の響きあり。沙羅双樹《しやらさうじゆ》の花の色、盛者《じやうしや》必衰の理《ことわり》をあらはす。おごれる人も久しからず、ただ春の夜《よ》の夢のごとし。たけき者もつひには滅びぬ、ひとへに風の前の塵《ちり》に同じ。

『徒然草』
つれづれなるままに、日暮らし、硯《すずり》に向かひて、心にうつりゆくよしなし事を、そこはかとなく書きつくれば、あやしうこそものぐるほしけれ。

本冊 P. 75

解答

1 エ
2 ア・ウ(順不同)

【例題の現代語訳】

今となっては昔のことだが、池のほとりにかえるがたくさん集まって言うことには、「ああ、すべての生き物の中で、人間ほどうらやましいものはない。我々は、どういうわけでこのように(かえるの身に)生まれて、手足を備えていながら、水を泳ぐことを能力として、陸に上がってはいつくばっており、行く時も思いどおりに走って行くことができず、ただぴょんぴょんと跳ぶだけで素早い動作もできない(のか)。どうにかして人間のように立って行く(ことができる)ならば(具合が)よいに違いない。さあ、観音《かんのん》に願を掛けて、立つことができるようにと祈ろう」と言って、観音堂にお参りして、「どうか我々を哀れみくださり、せめてかえるの身(のまま)であっても、人間のように立って行く(ことができる)ようにお守りください」と祈った。(かえるたちの)いつわりのない気持ちを気の毒だとお思いになったのだろうか、(観音は)霊験《れいげん》をお示しになり、かえるたちは)そのまま後足で立ち上がった。(かえるたちは)「願いがかなった」と喜んで、「それでは一緒に歩いてみよう」と言って、陸に並んで立ち、後足で立って行くと、目が後ろになって一歩も前へ行くことができない。前方も見えないので危険なことは言い表しようがない。「これでは(立って行くことができても)何の役にも立たない。ともかく元のとおりはわせてください」と(観音に)改めて祈り直した。

解説

1 ——線部①は古道具屋の言葉。仏像を置いていくのは中間《ちゅうげん》である。——線部②は、寺の僧に、中間から聞いた仏像の話を語る古道具屋の動作。

【現代語訳】

その中間が聞いて、「仏像の代金を戻しますようにと申すならば、その断りももっともなことです。代金を戻すまでもなく返しますので、受け取っていただけませんか」と言ったので、(古道具屋が)「どうしてそのようにおっしゃるのですか」と尋ねたところ、その中間は、ものはずみだったのだろうか、「この仏像を買って帰って礼拝し敬っていると、とにかく元のところに返しますように夢の中でおっしゃるのがうるさいほどだったので返すのです」と語ったので、(古道具屋は)「それならば置いて行ってください」と受け取ったが、「そうすると名高い仏像であるかもしれない。普通の身分の家に置いては恐れ多いことがおこる」と言って、近所の代々帰依《きえ》している寺に納めて事の次第を語ったところ、寺の僧も不思議なことだと感じ、「一匹の犬がほえると、他の多くの犬がそれにつられてほえ出す」というたとえにたがわず、近隣一帯の評判となって、しばらくこの仏像への参詣《さんけい》は、群集を作るほどだったということだ。

2 アは、「参上した」とあるので、周防守《すおうのかみ》のところに参上した茶屋長古が主語。イは、周防守に叱られて「うろたえ」る人なので、裁判に訴え出た人が主語。ウは、周防守に、自分に対する世間の批判を聞かせてほしいと言われ、直前の会話文「公事《くじ》御判断の節《せつ》～取りざた仕《つかまつ》るよし」と言った人なので、茶屋長古が主語。エは、役所で裁決する人なので、訴訟の処理などを行う周防守が主語。

【現代語訳】

周防守(板倉重宗《いたくらしげむね》)は、父伊賀守《いがのかみ》の任務を受け継いで、二代の名誉を得た。ある時、茶屋長古という者が参上したところ、「私の事を、悪く言う批判を聞いたならば、言って聞かせよ。私の戒めになるのだ。」と申し上げなさったので、長古が言うことには、裁判の時、道理に合わないように聞こえる方を、お叱りになるため、(訴え出た人が)うろたえまして、話の内容が相違して、ますます道理に合わない訴えになりますと世間の評判でございますと(長古が)言ったところ、周防守は、手を打って、「よく言ってくれた。なるほど役所へ出て裁決するのに、道理のない訴えと感じられた者の顔かたちを見ると、まず憎くなって、自然と怒りを生じるために、それに恐れて口べたな者は道理を説明することが、できなくなるのだろう。今後は心得た。」と言って、それからは茶うすを用意して、これを回しながら訴え出た人の顔を見ずに訴えを聴きなさった。

古典 古文の内容理解 ①

本冊 P. 77

解答

1 ア
2 エ

【例題の現代語訳】

これも今となっては昔のことであるが、丹後《たんご》の国の国司《こくし》、藤原保昌《ふじわらのやすまさ》が、任国の国司として下ったとき、与佐《よさ》の山で、白髪の武士一騎と出会った。道のかたわらにある木の下で、馬にのったまま勢いよく入ってとまったところ、国司の家来たちが、

「この老人は、どうして馬からおりないのか。けしからん。責めただしておろせ。」と言った。

ここで国司が言ったことには、「一人当千の勇者の馬の立て方である。並ひととおりの人ではないぞ。責めてはならない。」と(家来を)制して通り過ぎるうちに、三町ほど行って、弓の名人の佐衛《さえ》門尉致経《もんのじょうむねつね》が、多数の兵を連れて来るのに出会った。国司があいさつをすると、致経が言うには、「そこで老人一人がお会い申し上げたでしょう。致経の父の平五大夫《へいごのたいふ》です。まったくの田舎者で、事情もわきまえず、無礼をいたしたことでしょう。」と言った。

解説

1 最後の絵描きの発言に着目する。亭主が本物の白鷺《しらさぎ》が飛ぶ様子を指して「あのように描きたいものだ」と言うのに対し、「あの羽づかいでは、私が描いたようには、飛べない」と言っており、本物の白鷺の羽づかいのほうがおかしいと主張して、自分の描いた白鷺の羽づかいのおかしさを認めていないことをとらえる。

【現代語訳】

ある者が、座敷を作ってふすまに絵を描かせた。白鷺だけを描いた絵を注文した。絵描きは、「承知した」と言って焼き筆で下絵を描いた。亭主が言うには、「どれも良さそうだが、この白鷺の飛び上がっている(もの)、羽づかいがこのようでは、飛ぶことはできないだろう」と言う。絵描きが言うには、「いやいやこの飛ぶ様子がもっとも優れたところである」と言っている間に、本物の白鷺が四羽五羽連れ立って飛ぶ。亭主はこれを見て、「あれをご覧なさい。あのように描きたいものであるよ」と言うと、絵描きはこれを見て、「いやいやあの羽づかいであっては、とても私が描いたようには、飛ぶことができないだろう」と言った。

2 筆の扱い方を説明している文章である。早く傷んでしまうだろうと思うのに乱暴に扱い、やはり筆が悪かったとすべてを筆のせいにしてしまうことを非難している。前半では、慎重に扱って、あとの手入れもきちんと行えば、自然と筆の寿命ものびるだろうと述べている。そのような筆を大切に扱う姿勢がないままに文句ばかり言っている様子を「をかし」と述べている。

【現代語訳】

よい筆は、まずさやを取るのも心を落ち着かせてし、ものを書いたあとも、(穂先を)洗い、紙に押し当て(て水分をふき取り)、または(穂先を光に)透かして見て、(毛の)一本も乱すまいとして(整えてから)置くようだ。いっそう(筆の)寿命が長くなるにちがいない道理である。早く傷んでしまうだろうと思うのを、たいそう乱暴に扱って、「これをご覧なさい、三度四度で、早くもこうなった。」と言うのもこっけいである。

解答

1 例 山寺の僧の言葉を信じていたから。（十六字）

2 例 自分は空を飛べるという勘違い。
例 自分は強いという勘違い。（順不同）

【例題の現代語訳】

木下《きのした》だれそれが領地の村里にいたとき、領内を一目で見渡す高く作った建物があって、夏にそばに仕える家来を連れてその建物に登って広く遠くまで見晴らすことがあったそのときに、はるか向こうに大木の松があって、その梢《こずえ》に鶴が巣を作って、雄雌のつがいの親鳥が餌を運び（雛鳥《ひなどり》を）養い育てている様子、（また）雛もかなり育っていて首を並べて巣の中に並んでいる様子を、望遠鏡でながめたが、あるときその松の根元からかなり太くて黒いものがだんだんその木へ登るさま（が見えたが、それは）大蛇のたぐいであるらしい。

解説

1 作者の考えは、最後の一文で述べられていることが多い。この文章も、最後の一文「これも信の致す所なり。」に着目する。作者は、馬が見つかったのは、山寺の僧の言葉を信じた結果だと述べている。

【現代語訳】

ある在家人が、山寺の僧を信じて、世の中のことと仏道のことを深く頼りにして、病気になると薬のことまでも質問した。この僧は、医学の心得も無かったので、あらゆる病気に、「藤のこぶを煮出して飲みなさい。」と教えた。これを信じて服用すると、あらゆる病気で治らないということはない。

ある時、（在家人の）馬がいなくなって、「どうしたらよいでしょう。」と言うと、いつものように「藤のこぶを煮出して飲みなさい。」と言った。納得がいかないが、理由があるのだろうと信じて、たくさん取り尽くして近所には無かったので、山の麓を探し回った時に、谷のあたりで、いなくなった馬を見つけた。これも信じる心が招いた結果である。

2 鷹《たか》の体に住みついていた虫の物語。空を自由に飛んだりほかの鳥たちがおそれをなして逃げたりしていたが、それらは本来鷹にそなわった能力である。虫は長年そのような恩恵にあずかっていたために、自分の力だと勘違いしていたのである。

【現代語訳】

鷹の羽の中に住む虫がいた。（鷹が）空を高く飛びまわっているときは、はるか下に人の住む家などを見下ろしていた。本当に私は何の不足もない身だなあ。つばさも動かさないで、千里ほども遠いところまで行き来して、雲のかかっているかなたまでもあがることができそうだ。そのうえ、多くの鳥がみな恐れて逃げ回っている。本当に自分に勝つことができるものはおそらくいないだろうなどと思いつつ、その鷹の毛の中にいながら、ひたすら肉を刺し、血を吸っていたが、同じ連中がとても増えていったのであろうか、ついにその鷹も倒れてしまった。それからは、自分で出て飛びあがろうと思うけれども、飛ぶことができない。走ろうと思うけれども、速く走れない。（鷹の）血もなくなり、肉も干からびてしまったので、今は命を保つ方法もない。やっとのことで、まず鷹の毛の中をくぐり抜けて（外に）はい出してみると、すずめの子がいた。自分をきっと恐れるだろうと思って見ると、すずめの子は知らぬ様子だ。どうして見つけないのかとかたわらにはい寄ると、（すずめの子は）うれしそうに見つけて、くちばしを差し出して、ついばもうとする。今まで経験したことがなかったことなので、恐ろしくて逃げ隠れたと、例の友だちに語ったそうだ。

古典 古文の内容理解 ③

本冊 P. 81

解答

1 (1) 例 猫の綱を解いて放しなさい（十二字）
(2) 例 正月に、もち、せんべい、あられなどを食べて遊ぼうと思っていたのに、猫に追い立てられて退く（四十四字）

2 例 目の前の利益ばかりを考えていると、後ろにある災いに気づかず、失敗する（三十四字）

【例題の現代語訳】

孔子《こうし》が、弟子たちを連れて、道を歩いていらっしゃいますと、垣根から馬が頭を出していたのを（孔子が）見て、「牛よ」とおっしゃったので、弟子たちは奇妙に思って、何か理由があるのだろうと思って、道を行きながら、（孔子の）考えを知ろうと思っていると、顔回《がんかい》という（孔子の）一番弟子が、一里行ったとき、わかったというように、「十二支の午《うま》という文字で、頭を出して書いてあるのは牛という文字になるので、みんなの推理力を知ろうと思って、おっしゃったのだ」と思って、（孔子に）問い申し上げると、（孔子は）「そう、そのとおり」とお答えになったのである。

解説

1 (1) 冒頭の一文に注目する。「猫の綱を解きて放つべき」というのがお触れの内容。猫をつないでいる綱を解いて猫を放つことという命令が出て、町中を猫が自由に歩き回るようになったため、ねずみたちは、少しも食物を得られなくなったといって嘆いている。

(2) 正月にはおいしいものを食べて楽しもうと思っていたねずみだったが、猫の綱を解いて猫を放つようにという命令が下されたために、自由に行動できないでいる。綱を解かれた猫たちがねずみを「追つ立て」るからである。

【現代語訳】

京の都で、猫の綱を解いて放しなさいというご命令が出た。（そこで）ねずみたちが、集まっていろいろと相談をした。「すでに都のお触れが（出てから）、五十日になるけれども、あぶらあげや焼き鳥のにおいでさえかいでいない。猫どのに行き会わない（ようにする）と、（我々は）自然と飢えて死んでしまうのである。」「近ごろ聞き及んだのは、近江《おうみ》の国で御検地があったので、百姓が稲を刈らないという話を、確かに聞いたのです。ともかく冬中は（そこへ）参りまして、稲の下に妻子たちをしゃがませて、年を越え暖かくなったならば、わらびなどを掘って食べ、ひとまず命をつなごうと存じます。」「何より心残りでございますのは、まもなく正月になり、もち、せんべい、あられなどを食べて遊ぼうと思っていたのに、猫どのに追い立てられ、退くことこそ残念です。」「しかしながら猫どのも、犬という（より）強い者に追い回され、十字路や川のほとりに倒れ伏しているのを見ると、応報というものはあるのです。」と心を奮い立たせながら、方々へ立ち去って行く。その中のねずみが（次のような）歌を詠《よ》んだ。

ねずみを取る猫のうしろには（猫を狙う）犬がおり、狙う側が（立場が変われば）狙われるということなのだなあ。

2 王が改めたのは、「隣国を攻めよう」という考えである。老臣の「目の前の利益に目がいって、後ろの災いを振り返らないことの危険性」についてのたとえ話から、王は、目の前の利益（隣国を手に入れること）ばかりに気をとられることの危険性に気付いたのである。

【現代語訳】

ある国の王が、隣国を攻めようとした。老臣がこれをいさめ申し上げて言うことには、「庭園の楡《にれ》の木の上で、蝉《せみ》が露を飲もうとしている。（蝉は）うしろでかまきりが（自分を）つかまえようとしていることを知らない。かまきりは、また蝉だけを見つめて、うしろですずめが（かまきりを）つかまえようとしていることを知らない。すずめは、またかまきりだけを見つめて、楡の木の下で弓を引いて、子どもが（すずめを）つかまえようとしていることを知らない。子どもは、またすずめだけを見つめて、前に深い谷、うしろに掘り出した木の根っこがあることを知らないで、身を危険にさらしている。これらはみな、目の前の利益だけを思って、うしろの災いを振り返らないからである。」と申し上げた。王は、このとき、（老臣の言わんとすることを）理解して、隣国を攻めるということをやめなさった。

古典 古文の内容理解 ④

本冊 P. 83

解答

1 (1) 年久しく

(2) 例 鼓の音が茶釜に響いて聞こえるようになったこと。（二十三字）

2 ア→ウ→エ→イ

【例題の現代語訳】

今となっては昔のことであるが、正月七日の朝、七草をたたく。午前四時半から拍子をとって、にぎやかに打ちたたく。その後は、七草がゆにして食べるが、あまり好きなものではないと思いながら、浮世房《うきよぼう》は、このように（歌を）詠《よ》んで、小姓衆に語った。

七草を勢いよくたたくけれども、餅《もち》をつく音に（比べると、七草をたたく音は）はるかに劣っているものだよ。

解説

1 (1) 空欄のすぐあとの「聞きし」の主語が老女であることをとらえ、老女の説明である「年久しく召しつかひし」に着目する。

(2) 権九郎《ごんくろう》が老女に「わが職分の上達を知る訳（自分の技能の上達を知る訳）」を尋ねたあとの老女の答えに着目する。老女が親の新九郎《しんくろう》の鼓《つづみ》を聞いていたときには、「朝々煎じける茶釜へ音響き聞こえはべる（毎朝、茶を煎じた茶釜に音が響いて聞こえていた）」のである。今まで、権九郎の鼓ではそれが聞こえなかったのが、この四、五日は鼓の音が茶釜に響いて聞こえるようになったので、老女は、権九郎の鼓が上達したと思ったのである。

【現代語訳】

（鼓の）名人の新九郎が、（まだ）権九郎といっていたころ、鼓に毎日精を出して励んでいたけれども、いまだに得心がいかずにいたちょうどその折に、長年召し使っていた老女で、毎朝茶を持ってきて権九郎に給仕していたのが、あるとき、（権九郎の）鼓が大変上達したということを語ったので、（権九郎は）おかしいことだと思って、自分の技能の上達を知る訳を笑って尋ねると、老女は答えて、「（あなたの）親の新九郎様の鼓を数年聞いていたときに、毎朝（茶を）煎じた茶釜に（鼓の）音が響いて聞こえていたのでございます。最近まで権九郎さんの鼓はそのようなことはなく、この四、五日は鼓の音が茶釜に響きましたので、そのようなしだいで上達を知ったのでございます。」と答えたということである。長年の間（鼓を）聞いた耳であるので、自然と微妙によしあしもわかるものだと、権九郎も感じ入ったということである。

2 アは、「その笛の音、この世にたぐひなくめでたく聞《きこ》えければ」に対応している。イは、最後の文の「その音を吹きあらはす人なかりけり」に対応している。ウは、見知らぬ男に何度か出会ったあとの「こころみに、かれを取りかへて吹きければ、世になきほどの笛なり」に対応している。エは、笛を取りかえたあと、「『もとの笛を返し取らむ』ともいはざりければ、ながくかへて」に対応している。

【現代語訳】

博雅三位《はくがのさんみ》が、月の明るかった夜に、直衣《のうし》姿で、朱雀門《すざくもん》に出かけて、一晩中、笛を吹いていらっしゃったときに、同じように、直衣を着た男が、笛を吹いていたので、（博雅三位は）「だれだろう」と思っていると、（男が吹く）その笛の音色は、この世に例がないほど素晴らしく聞こえたので、（博雅三位は）不思議に思って、近寄って見ると、今まで見たことのない人であった。自分もものも言わず、その人も言うことがない。このようにして、月の夜のたびに、出会って、（笛を）吹くことが、数夜続いた。

その人の笛の音色が、とりわけ素晴らしかったので、ためしに、それを取り替えて吹いてみると、この世にないほどの(素晴らしい)笛であった。その後、引き続き月夜になると、(二人は)出会って(笛を)吹いたけれど、(男は博雅三位に)「もとの笛を返してもらおう」とも言わなかったので、長い間取り替えたままで(出会って笛を吹くことは)終わってしまった。三位が亡《な》くなったあと、帝《みかど》が、この笛をお取り寄せになって、その時の笛吹きたちにお吹かせになったが、(博雅三位の出していた)その音色を吹いて出す人はいなかった。

古典 古文の内容理解 ⑤

本冊 P. 85

解答

1 (1) 例 桜の花の美しい眺めを中納言に見せて、和歌によませたいと思っていたちょうどその時に、中納言が南殿に来たから。(五十三字)

(2) 例 桜の花が庭に散っている様子を和歌によむことを催促すること。(二十九字)

【例題の現代語訳】

「しみじみとした情緒は秋が最も優れている」と、だれでも言うようだが、それももっともなことだが、今いっそう心を浮きたたせるのは、春の様子であるようだ。鳥の声などもめっきり春らしくなって、のどかな日ざしに、垣根の草が芽吹くころから、だんだんと春が深まり、一面に霞《かすみ》がかかって、桜の花もしだいに咲き出しそうになったそのときに、おりあしく雨風が続いて、気ぜわしく散ってしまう。青葉になっていくまで、万事にわたって人の気をもませるものである。

解説

1 (1) 前の文章より、「ちょうどその時、中納言《ちゅうなごん》がやってきた」ので、太政大臣《だいじょうだいじん》はそのタイミングが「おもしろい」と言って喜んでいることがわかる。したがって、「ちょうどその時」がどんなときかがわかれば、正解にたどりつける。

まず中納言がどんな人か、太政大臣が今どのような状況にいるのかをとらえる。中納言は和歌の名人である。太政大臣は南殿《なんでん》の美しい桜の眺めを中納言に見せたいと思っている、ということがわかる。それは、中納言に和歌をよんでほしいからである。理由を問われている問題なので、解答の文末は「～から。」などにする。

(2) 「責め」とは、厳しい催促のことである。そして「かく責めたまふこと」は、「このように厳しく催促されること」という意味である。中納言は、「やんごとなき人」(＝太政大臣)が厳しく催促されるのだから、和歌をよまないでいるのはよくないだろうと思っている。

したがって、和歌をよむことを催促されていることがわかる。Aの文章の後ろから五行分の内容をまとめる。「和歌をよむこと」だけでは不十分である。

【現代語訳】

中納言が心にお思いになったことは、「小野《おのの》宮《みや》太政大臣は、当代第一の和歌に卓越した人でいらっしゃる。それに大したこともないような和歌を図々《ずうずう》しくよむのは、よまずにいるよりははなはだきまりが悪いだろう。そうかといって高貴な方が、このように催促なさるのに、よまないでいるのもよくないだろう」と思って、身なりを整えて、このように申し上げた、主殿寮《とのもりょう》の役人たちよ。あなたたちに風雅を解する心があるならば、今年の春のあいだだけは、朝の清掃をするな、と。

古典 融合文 ①

解答 本冊 P. 87

1 例 Bは、桜が散ることを残念に思っているが、Dでは、桜が咲く前や、散った後にも趣があると考えている点。（四十九字）

【例題の現代語訳】

（十訓抄《じっきんしょう》）

ある人が言ったことには、「人は良い友に出会うことを心から望むべきだ。」と。

麻の中の蓬《よもぎ》は力を加えなくても、自然とまっすぐであるというたとえ話がある。蓬は枝ぶりがまっすぐでない草ではあるが、麻に混じって生えると、曲がって伸びていく場所がないので、知らず知らず、正しくきちんと伸び育っていくのである。悪い心をもった人であっても、立派な人の中に交わっていれば、やはりあれこれを気づかっているうちに、自然ときちんと改めていくのである。

（論語）

孔子が言うには、「ためになる三種類の友がある。正直な者を友とし、誠実な者を友とし、物知りな者を友とするのは、ためになる。」ということである。

解説

1 Dの文章には、盛りを迎えているものばかりが美しいわけではないという「兼好の考え方」が表れている。盛りを過ぎていたり、その跡でしかないものに対しても美を感じようとしているので、散ろうとしている桜の花を惜しんでいるBとは「対照的」といえる。

【現代語訳】

（A）

人の心は、さあ、どう変わったかわからないが、昔なじみのこの里では梅の花は昔と変わらない香りでにおっていることだ。

（B）

日の光がうららかな春の日に、どうして桜は落ち着いた心もなく、花びらを散らすのだろうか。

（C）

遠くまで寒々しい山を登っていくと、石の小道が斜めにずっと続いている。

白雲がわき上がるような高いところに、人家が見えた。

車をとめて、楓《かえで》の林の夕暮れを、うっとりと眺めた。

霜を受けて色づいた紅葉は、春の盛りの花よりはるかに赤く美しい。

（D）

桜の花は満開だけを、月は曇りのない時だけを見るものだろうか、いや、そうではない。雨にむかって月を恋い慕い、部屋の中に閉じこもって春の過ぎゆくのを知らないでいるのも、やはりしみじみとして情趣が深い。今にも咲きそうな梢《こずえ》や、散ってしまったあとの庭などのほうが、見どころが多いのだ。

古典 融合文 ②

本冊 P. 89

解答

1 (1) 例 左衛門督が梢の向こうへ飛んだ鞠を、走って追いかけたこと。（二十八字）
(2) 例 左衛門督の穏やかな人柄。（十二字）

【例題の現代語訳】

A 物事を引き延ばして、時機を逸する者がいた。人が稲の苗を植えるころ、種をまいた。陰暦八月の頃、早く成熟した穂が出たときに、嵐が吹いてしまったので、花が散ったと嘆くのを、「あまりに物事を急いでなさったからでしょう。私の稲は、このごろ植えたので、嵐の災難にもあいませんでした。」と人に自慢した。人が(稲を)刈り終わる頃、少しばかり穂が見えたのに、早くも霜が降りたので、皆枯れてしまった。今年は大変早く霜が降りたからであると、その年の天候のせいだけにして、まだ悟らなかったということだ。

B 宋《そう》の国の人に、自分の苗が生長しないことを心配して、その苗を引っぱって伸ばした者がいた。疲れてぼんやりして帰り、その家の人に言ったことには、「今日は疲れた。私は苗を助けて生長させたよ。」と。その人の子が走って行ってこの苗を見ると、苗は言うまでもなく枯れていた。

解説

1 (1) 設問に「具体的に」とあるので、誰が何をしたのか、それは何のためか、ということを意識して、直前の「あれ程」が指す内容からとらえる。「梢《こずゑ》のあなたへまはる程、左衛門督《さゑもんのかみ》の足も早く見え侍《はべ》りし」とあり、左衛門督が梢の向こうへ飛んだ鞠《まり》を走って追いかけたことが書かれている。

(2) Bの文章の最後の段落で、「春の心はのどかなれども」について述べているので、この部分を参考にして考える。「季節のことを表現するとともに、蹴鞠《けまり》をしている人物のふだんの人柄についても表現しています」とある。「蹴鞠をしている人物」とは、左衛門督なので、「のどか」とは左衛門督のふだんの人柄をも表しているのである。

【現代語訳】

日が暮れかかる頃、とりわけ趣深くございましたので、弁内侍《べんのないし》は、
〈Ⅰ〉 桜の上に鞠がしばらくとどまっていると見えたけれども、木の枝を伝って散る桜の花びらのように落ちてゆくことよ
少将内侍《しょうしょうのないし》は、
〈Ⅱ〉 蹴鞠ももう終わりかと惜しまれる夕暮れの桜に名残あり、ありと聞こえるよ
落とさずに(蹴鞠が)続いて、梢の向こうへ鞠が飛んだのを、左衛門督の足も早く見えましたのを、兵衛督《ひょうえのかみ》殿は、「鞠は立派なものですね、あんなに左衛門督を走らせるものだよ」と言ったので、大納言《だいなごん》は、「私も、そう思っていたが、まことにすばらしく名句を言うものだなあ。あなたは傅《めのと》(付き添い人)であるので、この返事をしてほしい」と言われましたので、弁内侍は、
〈Ⅲ〉 あまりに風が吹いて桜の花が散るように、鞠も飛んでいったのだろう。春を思う心はのどかだけれども

古典 融合文 ③

本冊 P. 91

解答

1 (1) イ
(2) 例 自分の足りない部分について内省すること。（二十字）

【例題の現代語訳】

これも今となっては昔のことだが、田舎の稚《ち》児《ご》が比叡山延暦寺《ひえいざんえんりゃくじ》に登っていたのだが、桜が美しく咲いていた時に、風が激しく吹いたのを見て、この稚児がさめざめと泣いたのを見て、僧が静かに近寄って、「どうしてそんなにお泣きになるのですか。この桜が散るのを惜しいとお思いですか。桜ははかないものであって、こうしてすぐに散っていくのです。けれどもそれだけのことです」と慰めたところ、「桜が散るのは強いてどうこうできることではありませんか

ら、かまいません。私の父が作っている麦の花が散って実が入らないだろうと思うことが悲しいのです」と言って、しゃくりあげて、おいおいと泣いたので、あきれたことだなあ。

解説

1 **(1)** ――線部①の「鏡」は、【漢和辞典で調べた内容の一部】の【鏡】3の「手本。模範。」の意味で使われている。また、――線部①の「興廃」は、「興《おこ》す」と「廃れる」で、「繁栄と衰退」という意味の熟語。――線部①は、遠い昔を手本にして、繁栄と衰退を知るという内容であることをとらえて、その内容に合うものを選ぶ。

(2) ――線部②を含む段落では、「自分の間違いや劣った部分に目を向けない」ようなときに、「他人を見つめる事で」「自分に目を向ける事ができます」と書かれているので、古文Aと漢文Bのそれぞれから、他人を見つめることで、自分の劣った部分に「目を向ける」という内容が書かれている部分をとらえる。古文Aでは、「人をもて鏡としては得失を知り」の部分で、人を鏡として自分の長所と短所を知ると書かれている。また、漢文Bでは、「不賢を見ては内に自ら省《かえりみ》るなり」の部分で、自分より愚かな人を見たら、自分も内省すると書かれている。つまり、――線部②の「自分に目を向ける」は、自分の短所や愚かなところに目を向けて自分の足りない部分を内省するということである。

【現代語訳】

A　昔の人が言うことには、銅を鏡として(鏡に映った自分の姿を見て)衣服と冠を正し、他人を手本として(自分の)長所と短所を知り、遠く過ぎ去った世を先例として、繁栄や衰退の歴史を知り、心を鏡としてあらゆる存在の真理を引き比べると言っている。

B　孔子が言うことには、自分より知徳の優れた人を見たら(自分もその人と)同じになるようなことを思い、(自分より)愚かな人を見たら(自分にもそのような愚かなところがないかどうか)自分も内省する。

古典 融合文 ④

本冊 P. 93

解答

1 (1)エ　(2)空想の旅　(3)ア　(4)ウ

【例題の現代語訳】

こうした折に、向こう側にある棟《おうち》の木に、法師で(木に)登って、枝のまたにまたがって、見物している者があった。(木に)つかまりながらひどく眠って、落ちそうになるときに目を覚ますことが、度々であった。

これを見る人は、あざけりあきれて、「天下の大馬鹿者だなあ。あんな危ない枝の上で、安心してどうして眠っているのだろう。」と言うので、私の心にふいに思ったままに、「私たちの死の到来は、今すぐであるかもしれない。それを忘れて見物して一日を過ごす、その愚かなことは、(木の上の僧よりも)いっそう勝っているものなのになあ。」と言ったところ、前にいる人々が、「本当に、その通りでございました。最も愚かでございます。」と言って、皆、後ろを振り返って、「ここへお入りなさい。」と言って、場所をあけて呼び入れました。

解説

1 (1)「なまじい」とは、ここでは、中途半端《はんぱ》なさまの意味である。前後の文章から、地図の旅は中途半端な物語よりも、空想の世界がひろがる旅だと言っていることがわかる。

(2) 地図の旅は、実際に旅をしているわけではなく、天候や時間にも左右されない空想の旅である。

(3)「いづくにもあれ、しばし旅立ちたるこそ」に注目する。「さやうの所」とは、どこでもよいが、旅立ってしばらく滞在する先のこと。

(4) Aは地図の上を旅し、何にもしばられない空想の旅である。一方、Bはどこでもいいので、旅先の新鮮さを感じる旅について述べている。

【Bの現代語訳】

どんな所でもよい、しばらく旅に出ていることは、実に目の覚めるような感じがするものだ。

その辺を、ここあそこと見て歩き、田舎めいた所や、山里などは、たいそう見慣れないことが多いものである。都へついでを求めて手紙を送る、「そのことや、あのことを、都合のよいときに忘れずにやっておけ」などと言いやるのもおもしろい。

そのような旅先においてこそ、万事にわたって自然と注意を払うようになるものである。

古典 漢詩・漢文

本冊 P. 95

解答

1 (1) ア
(2) 点睛即飛去(五字)
(3) ウ
(4) 例 瞳をかき入れていない
(5) エ
(6) イ

解説

1 (1) 仏寺を装飾する画を描いていた人物である。

(2)「でたらめ」だと考えたのが「人」であるということをおさえた上で、何を「でたらめ」と考えたのかを読み取る。「人」は、張僧繇《ちょうそうよう》の「点《ゼバ》レ睛《ひとみヲ》即《すなはチ》飛《ビ》去《ラン》」という言葉を「でたらめ」と考えたのである。

(3)「固ク」の意味は「強く」ということ。アは「もとから」、イは「かたまる」、エは「固い」という意味。

(4) 僧繇が、「画の中の竜に瞳を描くと飛び立ってしまう」と言っていることから判断できる。「未《いま》だ〜ず」は「まだ〜ない」という意味。

(5) 武帝《ぶてい》は僧繇に命じて、仏寺の装飾を立派にするために画を描かせた。僧繇は四頭の白竜を描いたが、瞳を描くことに反対した。周りの人が僧繇に強く頼んで白竜に瞳を描き入れさせたところ、二頭の白竜が天に昇っていってしまった。この内容に合うのはエ。

(6)「画竜点睛《がりょうてんせい》」の意味は、最後の大切なところに手を加えて、物事を完成させることのたとえ。「画竜点睛を欠く」は慣用句としてよく使われる。

【現代語訳】

張僧繇は、呉中《ごちゅう》の人である。武帝が(画を描かせて)仏寺を立派に装飾するのに、その多くを僧繇に命じて描かせた。(ところが)金陵《きんりょう》の安《あん》楽《らく》寺の四頭の白竜については、(僧繇は)瞳を描き入れなかった。(その理由を)いつも「瞳を描き入れたならば、(竜は)すぐに飛び去ってしまうだろう。」と言っていた。人々は(その言葉を)でたらめなことだと思い、強く頼んで瞳を描き入れさせた。(すると)たちまち雷と稲妻が壁を打ち破り、(目を描き入れた)二頭の竜が雲に乗り、躍り上がって天に昇っていってしまった。(残りの)二頭の竜(の画)でまだ目を描き入れていないものは、(安楽寺に)現在もある。

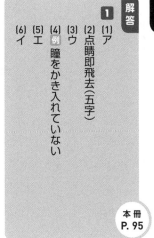

◆漢文のポイントの復習

漢文は学習機会がそれほど多くないため、意外と点差がつきやすい。基本的なポイントについて、復習をしておこう。

■漢文の訓読について

漢文の原文に、返り点と送りがなを補って、日本語として読むことを訓読という。漢文には「白文」「訓読文」「書き下し文」という三つの形があるので、整理して覚えておこう。

＊白文　漢文の原文そのままの文。

＊訓読文　白文に、返り点と送りがなを補ったもののこと。「実力チェック問題」の【漢文】が、これにあたる。

＊書き下し文　訓読文を、漢字かな交じりの文章に書き改めたもの。「実力チェック問題」の【書き下し文】が、これにあたる。

■返り点について

「返り点」とは、白文を日本語として読むための、漢字を読む順番を示す符号のこと。返り点については、まずは次の二つを覚えておくとよい。

※「返り点」は漢字の左下につける（送りがなは漢字の右下につける）。

＊レ点　一字下から上に返って読むことを示す。

例 春　眠　不《ず》レ　覚《エ》レ　暁《ヲ》

→「春眠暁を覚えず」と読む。

＊一・二点　一点のついた字から二点のついた字に返って読むことを示す。

例 処　処　聞《ク》二　啼《てい》　鳥《てうヲ》一

→「処処啼鳥を聞く」と読む。

■置き字について

訓読する際、読まない漢字を「置き字」という。置き字は、書き下し文のときは書かないということも覚えておく。

例 学《ビテ》　而　不《ざレバ》レ　思《ハ》　則《すなはチ》　罔《くらシ》

→「学びて思はざれば則ち罔し」と読む。「而」は置き字で、書き下し文には書かない。

このほか、「於」「于」「焉」「矣」などがある。

■漢詩の形式・構成について

「漢詩」とは、漢字で書かれた中国の伝統的な詩である。その形式・構成について、簡単に覚えておきたい。

＊漢詩の形式

絶句　四句からなる漢詩。一句が五字のものを「五言絶句」、一句が七字のものを「七言絶句」という。

律詩　八句からなる漢詩。一句が五字のものを「五言律詩」、一句が七字のものを「七言律詩」という。

＊漢詩の構成

「起承転結」という構成法をおさえる。

起　歌い起こしとなる句。起句という。

承　起句を承《う》け、発展させる句。承句という。

転　場面を転換させる句。転句という。

結　締めくくりの句。結句という。

多くの場合、絶句は「起承転結」の構成となっている。

（五言絶句の例）

春　眠　不《ず》レ　覚《エ》レ　暁《ヲ》　（起句）
処　処　聞《ク》二　啼《てい》　鳥《てうヲ》一　（承句）
夜　来　風　雨《ノ》　声　（転句）
花　落《ツルコト》　知《ル》　多　少　（結句）